本书由河北省高等学校人文社会科学研究重点项目"生态承载力约束下河北省环京津县域产业承接评价与政策优化研究"（SD181011）资助

县域产业承接动态评价与优化政策研究

——以河北省为例

王璐 著

中国广播影视出版社

图书在版编目（CIP）数据

县域产业承接动态评价与优化政策研究：以河北省为例 / 王璐著. — 北京：中国广播影视出版社，2021.11
ISBN 978-7-5043-8729-5

Ⅰ.①县… Ⅱ.①王… Ⅲ.①县-区域经济-产业转移-研究-河北 Ⅳ.①F269.272.2

中国版本图书馆CIP数据核字（2021）第255623号

县域产业承接动态评价与优化政策研究——以河北省为例
王　璐　著

责任编辑	许珊珊
责任校对	龚　晨
封面设计	贝壳学术

出版发行	中国广播影视出版社
电　　话	010-86093580　010-86093583
社　　址	北京市西城区真武庙二条9号
邮　　编	100045
网　　址	www.crtp.com.cn
电子信箱	crtp8@sina.com

经　　销	全国各地新华书店
印　　刷	天津和萱印刷有限公司

开　　本	710毫米×1000毫米　1/16
字　　数	201（千）字
印　　张	15
版　　次	2021年11月第1版　2021年11月第1次印刷
书　　号	ISBN 978-7-5043-8729-5
定　　价	56.00元

（版权所有　翻印必究·印装有误　负责调换）

目 录

第1章 导言 ... 1

1.1 研究背景与意义 ... 1
1.2 研究思路与方法 ... 5
1.3 现有研究综述 ... 7
1.4 写作结构与内容 ... 30
1.5 创新与不足 ... 31

第2章 相关概念与理论 ... 34

2.1 京津冀协同发展 ... 34
2.2 县域 ... 36
2.3 产业承接 ... 38
2.4 生态承载力 ... 43
2.5 绩效评价 ... 47

第3章 河北省县域产业承接现状分析 ... 49

3.1 河北省县域产业承接的基础和保障 ... 49

3.2 现阶段河北省县域产业承接的主要特征 ······ 70

第4章 河北省县域产业承接的效果分析 ······ 85

4.1 从京津冀区域协同发展方面分析 ······ 85
4.2 从河北省功能定位方面分析 ······ 87
4.3 从县域发展成效方面分析 ······ 111

第5章 河北省营商环境分析及政策优化研究 ······ 117

5.1 现阶段河北省营商环境建设分析 ······ 118
5.2 营商环境影响因素分析 ······ 120
5.3 营商环境评价指标体系的构建 ······ 124
5.4 河北省营商环境评价分析 ······ 126
5.5 河北省营商环境优化政策建议 ······ 133

第6章 河北省县域投资环境分析及政策优化研究 ······ 136

6.1 河北省县域投资环境的优势和劣势分析 ······ 137
6.2 河北省县域投资环境的影响因素分析 ······ 139
6.3 河北省县域投资环境评价指标体系的构建与样本选择 ······ 142
6.4 河北省县域投资环境评价 ······ 147
6.5 河北省县域投资环境空间优化的政策建议 ······ 152

第7章 河北省县域产业承接能力分析及政策优化研究 ····· 159

7.1 河北省县域产业承接能力评价指标体系构建 ········ 160
7.2 河北省县域产业承接能力评价 ················· 161
7.3 河北省县域产业承接能力提升对策分析 ·········· 166

第8章 生态承载力约束下河北省县域产业承接绩效分析及政策优化研究 ················· 172

8.1 生态承载力约束下河北省县域产业承接绩效评价指标体系的构建 ························· 173
8.2 生态承载力约束下河北省县域产业承接绩效评价 ··· 182
8.3 生态承载力约束下河北省县域产业承接绩效提升的优化政策分析 ····················· 188

参考文献 ································· 194
附　　录 ································· 225

附录1　河北省国家级开发区情况表 ············· 225
附录2　河北省省级开发区情况表 ··············· 226
附录3　河北省省级重点支持的县域特色产业集群 ······· 231

第1章

导　言

1.1　研究背景与意义

产业转移是一个国家（地区）跨区域地将部分或整体产业迁移到另一个国家（地区）的经济行为，是经济发展的必然产物。产业的转移承接是区域发展过程中的必然现象，承接产业转移作为加快后发地区经济发展的核心要素，为其区域发展提供了有效渠道，同时也推动发达地区、欠发达地区产业结构的合理化和优化升级，从而实现区域产业的协调、可持续发展。

产业的转移承接以区域为载体。县域是我国重要的行政区域，"麻雀虽小，五脏俱全"，作为城市之尾、农村之首，是连接城市与农村的桥梁，是城乡发展的结合点。县域发展路径通常以行政区划为范围，以县城为中心，通过带动乡镇，实现城市和农村的共同发展。一方面，自党的十六大鲜明揭出"壮大县域经济"以来，各地政府通过改善投资环境，吸引有效投资，促进县域经济持续健康发展。近些年，"十三五"规划、中央一号文件、政府工作报告等重要文件更是反复强调发展壮大县域经济，增强县域经济活力。现阶段，县域已成为国家重要政策和重大战略的操作与落实平台，也是我国城乡统筹和新型城镇化建设的重点区域，县域发展更是区域发展的重要组成部分和关键环节。根据《2019赛迪县域经济百强研究》显示，我国县域经济总量达39.1万亿元，约占全国的41%，众多县（市）地区生产总值超过400亿元，一般公共预算收入超过20亿元，其中，全国30个县（市）地区生产总值超千亿。另一方面，随着我国大中型城市投资趋于饱和，产业转移承接地逐渐由大城市转为中小城镇，各县利用其得天独厚的优势，通过合理布局产业结构、平衡城乡发展、提升公共服务水平等措施优化投资环境，吸引产业、资本、人口等要素聚集，促进区域城乡全面协调发展，县域成为投资的首选和重要的产业承接地。以县级市为例，根据《中国城市统计年鉴》数据，近年来各种资本对全国县级市的投资呈增长态势，城镇固定资产投资年均提高近30%，规模以上工业总产值年均提高近15%，外来资本的不断涌入也为县级市提供了就业岗位，其中，第二、三产业就业人员年均增加75%。

京津冀城市群"衔接南北，带动中西"，是我国北方经济规模最大、最具活力的区域，是环渤海经济区的核心，也是带动北方腹地发展和连接南北的重要区域。虽然土地面积仅占全国的2.3%，但京津冀三地却聚集了全国8%的人口，根据国家统计局数据，截至2018年底，京津冀三地生产总值78964亿元，占全国8.6%，人均GDP达93987元，远远高出全国65534元的平均水平，甚至超过长江经济带72826元的人均GDP水平。2014年以来，京津冀协同发展上升为国家战略；2015年，京津冀整体定位和三地功能定位最终确定。区域经济的发展必然带来产业的转移和承接，随着区域协调发展战略不断深入，京津冀协同发展扎实推进，加速了北京非首都功能向河北省疏解，也加速了京津产业向河北省转移，根据国家统计局等多部门测评结果，近年京津冀区域在创新质量、协调发展、开放合作、共享发展等区域发展指数上持续提升。

相对于其他省（自治区、直辖市）而言，县域在河北省发展全局中的地位尤为重要。根据国家统计局和《中国县域统计年鉴》数据，截至2018年底，除了市辖区，河北省共辖121个县（市），其中21个县级市、94个县，6个民族自治县，总数在全国各省（自治区、直辖市）中位列第二，仅次于四川省；县域总面积176264平方公里，占全省面积的93%；县域总人口6321万人，占全省总人口的85%；县域GDP达24516亿元，占全省地区生产总值的75%。各项指标占比均在全国省（自治区、直辖市）中居于前列，远远高于全国平均水平。由此可见，县域发展对河北全省发展举足轻重。河北省更是把县域发展纳入京津冀协同发展的大格局中，鼓励各地根据发展实际，增强承接能力，与京津积极进行产业对接，通过吸引产业、资本、人口等要素聚集，着力做优承接文章。

按照中央对京津冀协同发展提出的"自觉打破自家'一亩三分地'的思维定式""对接产业规划，不搞同构性、同质化发展"要求，河北省各县（市）在承接京津产业转移时，应做到结合自身发展现状合理布局，避免无选择的盲目承接和县域之间的无序争夺。因此，明确"河北省营商环境如何？河北省县域投资环境如何？河北省各县产业承接能力怎样？面对京津产业转移，各县根据现有承接能力和自身发展特色怎样选择重点承接产业？各地应采取哪些措施提升承接能力？"等问题，无疑对实现京津冀协同发展具有参考价值。

与此同时，产业承接的实现不仅包括产业顺利落地，还包括产业在承接地的可持续发展。截至2017年底，河北省累计承接京津项目15560个，资金13901亿元。2019年，河北省吸纳北京技术合同成交额200亿元以上，产业承接极大地推动了地区经济的快速发展。然而在产业承接成绩显著的背后，由于产业承接的空间配置缺乏合理性，产业承接以及进一步发展与当地各资源要素承载缺乏有效契合，河北省县域面临着来自资源、环境、生态和人口等各方面的巨大压力，经济发展绩效与区域生态承载力矛盾日渐凸显，部分地区生态环境遭到破坏。

党的十九大报告提出，"加快生态文明体制改革""加大生态系统保护力度""坚持人与自然和谐共生""实行最严格的生态环境保护制度，形成绿色发展方式和生活方式，坚定走生产发展、生活富裕、生态良好的文明发展道路"。产业承接必然对当地诸多方面造成影响，县域产业承接是否有效？产业承接综合绩效如何？各地应采取哪些措施保证落地产业的可持续性发展？这取决于各地能否找准定位、突出特色，以产业承接为契机，坚持生态优先、可持续发展道路，以此带动县域经济、政治、文化、社会和生态文明"五位一体"综合建设，最终实现区域平衡与充分发展。实践证明，京津冀协同发展背景下河北省县域产业承接一定是在低碳经济和"资源约束、环境友好"前提条件下的有效承接，政府部门应认清长远效益与短期利益、发展与环境的协调性问题，在产业承接和生态环保两者之间起关键性的主导作用，把生态承载力纳入地区产业承接绩效评价与优化政策中，在通过产业承接促进县域经济社会发展的同时，保护当地生态环境，从原有的片面追求经济发展，变革到追求环境与经济协调发展、效益兼顾。

综上所述，随着我国区域协调发展和新型城镇化战略深入开展、产业转移承接纵深推进以及绿色生态环保理念日益强化，营商环境的改善、投资环境的优化、承接能力的提升、生态承载力约束下的产业承接综合绩效的增强，既是现实发展的必然趋势，又是区域发展理论体系研究的继续完善。因此，在京津冀区域产业转移和协同发展的背景下，借鉴现有研究成果，立足河北省县域，融合公共政策、区域发展和产业经济等相关理论，采用定性和定量、理论和实证相结合的研究方法,从县域产业承接的基础和保障、主要特征、效果方面,对产业承接的有效性进行识别,并按照产业承接效应形成机理,从发展的、动态的视角,由远及近,从宏观到微观,以河北省沿京津县(市)等地区为样本,对河北省全省营商环境以及河北省县域投资环境、产业承接能力等进行评价分析,在此基础上确定河北省县域重点承接行业,确定产业承接的目标,并以生态承载力为约束,构建评价指标体系,对河北省县域产业承接后的综合绩效进行测度与综合评价,对产业承接绩效的提升进行政策引导,以此探讨河北省县域产业承接动态,为河北省营造良好的营商环境、优化投资环境、提升县域产业承接力以及选择正确的承接产业提供参考,为京津转移产业在河北省落地后的健康发展以及河北省县域选择正确的发展道路提供政策建议,有利于区域产业合理布局,提高区域产业整体水平和县域发展效率,促进新型城镇化建设,深化京津冀高效、协调、可持续发展。

1.2 研究思路与方法

本书主要运用区域产业转移理论和区域可持续发展理论,立足河北县域,以京津冀协同发展为背景,按照产业承接的时间轴顺序,重点从投资环境、产业承接能力、产业承接绩效等方面循序渐进地对河北省县域产业承接全过程进行静态和动态分析评价,并以此为基础,探讨相关优化政策。本书研究思路与技术路线如图1-1所示。

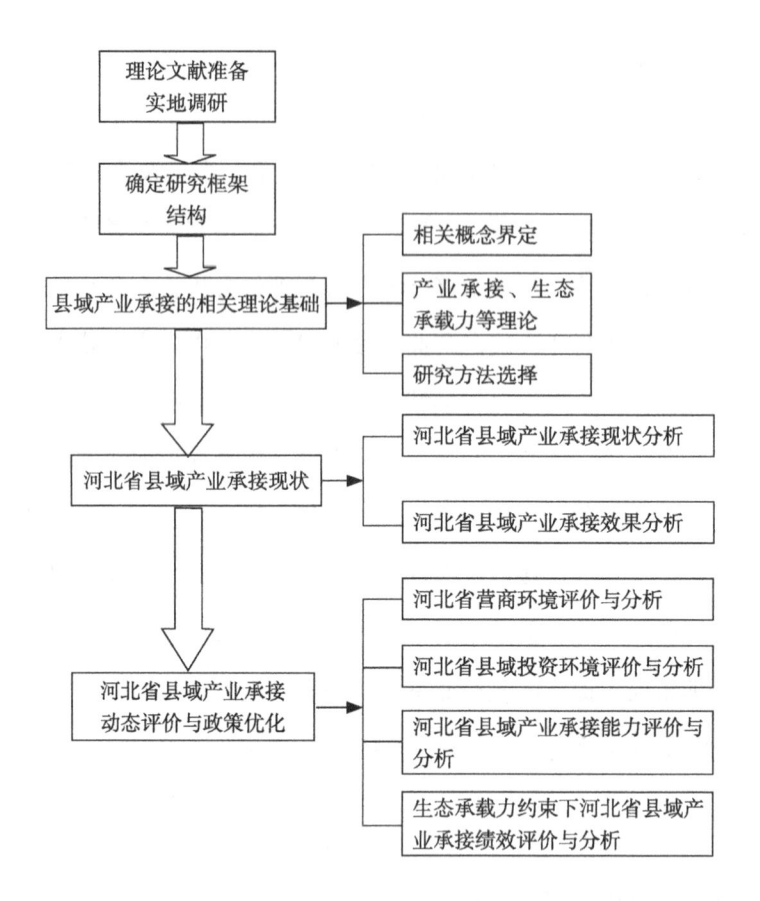

```
┌─────────────────┐
│ 理论文献准备    │
│ 实地调研        │
└────────┬────────┘
         ↓
┌─────────────────┐
│ 确定研究框架    │
│ 结构            │
└────────┬────────┘
         ↓                    ┌──────────────────┐
┌─────────────────┐          │ 相关概念界定     │
│县域产业承接的   │          ├──────────────────┤
│相关理论基础     │────→     │ 产业承接、生态   │
│                 │          │ 承载力等理论     │
└────────┬────────┘          ├──────────────────┤
         │                    │ 研究方法选择     │
         ↓                    └──────────────────┘
┌─────────────────┐          ┌──────────────────┐
│河北省县域产业   │────→     │河北省县域产业承接现状分析│
│承接现状         │          ├──────────────────┤
│                 │          │河北省县域产业承接效果分析│
└────────┬────────┘          └──────────────────┘
         ↓                    ┌──────────────────┐
┌─────────────────┐          │河北省营商环境评价与分析│
│河北省县域产业   │          ├──────────────────┤
│承接动态评价与   │────→     │河北省县域投资环境评价与分析│
│政策优化         │          ├──────────────────┤
│                 │          │河北省县域产业承接能力评价与│
│                 │          │分析              │
│                 │          ├──────────────────┤
│                 │          │生态承载力约束下河北省县域产│
│                 │          │业承接绩效评价与分析│
└─────────────────┘          └──────────────────┘
```

图1-1 研究思路与技术路线图

本书运用定性分析和定量分析相结合、理论研究和实证研究相结合的方式，探讨京津冀协同发展背景下河北省县域产业承接的相关问题，研究方法如下。

第一，文献研究法。在搜集、鉴别、整理县域产业承接相关文献（书籍、报刊、档案、文件、非文字材料、网络数据库等）的基础上，通过对文献的阅读和研究，熟悉县域产业承接国内外研究动态、政策文件精神和要求、相关理论体系、县域发展和产业承接实践资料等，有利于作者在研究背景、文献综述、研究述评、概念界定等方面形成科学认识，并为进一步探讨县域产业承接现状、影响因素、相关评价分析等内容提供参考和借鉴。

第二，比较研究法。通过比较其他类型区域（如省、设区市等）发展实际、其他地区县域发展实际，明确河北省县域发展特点，以此探索营商环境、投资环境、产业承接能力、生态承载力、产业承接绩效等方面的影响因素；通过比较河北省各县（市）评价结果，结合县域特点，明确地区差异及空间优化政策。

第三，社会调查研究法。该方法为本书各部分研究提供依据和支撑，研究主要采用实地调研、专家走访咨询等，收集与县域产业承接有关的各类资料和指标数据，探讨现阶段河北省县域产业承接的成就和不足，修正产业承接相关评价指标体系、科学设置指标权重等。此外，部分专家意见也融入优化政策研究中。

第四，实证分析和规范分析相结合。优化各类评价指标体系；运用指标数据和数学模型分析与测量营商环境、投资环境、产业承接能力、生态承载力约束下的产业承接绩效等；运用规范分析廓清县域产业承接目标、提升对策等。

1.3 现有研究综述

1.3.1 生态承载力的相关研究

承载力原属工程地质领域的研究范畴，其本意是指地基的强度对建筑物负重的能力，而后被人口学、城市交通、机械制造、材料研发、安全质量管理、文化等不同研究领域的学者转用，结合各自相关问题进行针对性研究。托马斯·罗伯特·马尔萨斯（Malthus T.R.）最早把承载力概念及相关理论运用在人口学研究领域，马尔萨斯的《人口原理》引入承载力思想，假设人口增长无限和食物增长有限，用以研究食物支撑和人口规模之间的关系。马尔萨斯认为，食物以算术级数速度增长，同时人口数量却以几何级数迅速增长，两者之间矛盾不可调和，最终人类将面临食物承载不足导致的饥饿和营养不良，最终导致饥荒和疾病，甚至为了争夺食物引发战争，因此，有效避免上述问题的方法就是限制人口增长。此后，学者们在此基础上深入探讨，形成了不同领域的承载力含义。

进入20世纪，人类社会经济活动与资源环境发展之间的矛盾日益突出，环境问题阻碍了区域社会经济的良性发展，人们逐渐意识到人与自然环境的和谐共生对人类社会可持续发展的重要意义，学者们陆续把承载力概念和思想运用在资源、环境等不同领域研究中，形成资源承载力、环境承载力、水资源承载力、土地承载力、矿产资源承载力等主题，丰富了承载力的研究体系，形成不同层次、不同内涵的承载力概念。其中，自然环境中与人类生存发展极为密切的生态环境承载力成为研究的关键。

生态承载力用于度量生态环境系统所能承受的利用强度，反映生态环境系统对人类社会经济活动的支撑程度，生态承载力评价的核心在于测度人类活动是否处于生态环境可承载能力的范围之内。研究早期，帕克（Park）和伯吉斯（Burges）在有关生态学的杂志中提出了承载力的概念，将承载力定义为一个牧场在不遭受损害的情况下能够支持的牲畜数量，Hawden和Palmer通过对牲畜的研究，认为牧场生态承载力是其不受损害条件下，可以支撑的牲畜数量。随后，我国学者从国情实际出发，对生态承载力的内涵、外延及评价方法等方面进行了深入探索。覃盟琳等人从生态版图角度分析城市生态承载力,认为城市生态版图空间结构变化会影响到城市的生态效率、生态质量、生态安全、生态公平,并进一步界定城市生态承载力的内涵、特点。王彦彭从环境纳污能力、资源供给能力以及人类支持能力三个方面构建我国生态承载力评价指标体系。曹智等人认为生态承载力是较资源承载力、环境承载力等更为复杂和综合的概念,提出以"生态系统——生态系统服务——人口和经济"为研究主线的基于生态系统服务的生态承载力。夏函结合国家生态环境管控的核心任务和重点,探讨生态承载能力的战略需求、影响因素和监测评价方法。此外,国内外学者针对不同区域、不同对象,分层次对生态承载力进行研究。李赟凯、张衍广等人设计了"一带一路"国家、地区生态承载力评估系统。王维、徐卫华、裴鹰、张学渊等学者采用生态足迹、能效核算、空间格局等方法,研究了大温哥华地区、长江经济带、京津冀、城市边缘区、西北干旱区等大型区域和特定区域的生态承载力评估、预警等内容。朱嘉伟、张津瑞、张文彬、田玲玲、刘东等人对伯明翰、马斯达尔城以及我国省市县三级众多城市的生态承载力供需均衡状态、时空差异等问题深入探讨。李艳红、李友辉、刘晓荣、贺成龙等人甚至对水利工程、景观工程的生态承载影响进行了微观分析。

进入21世纪,生态承载力的相关研究进一步拓展和深化,学者们开始运用生态承载力的相关理论、研究方法与技术,从不同角度、不同层次探索区域产业、农业、旅游、交通等领域的可持续发展问题。胡雪萍、陆俐呐、黄娟、朱文娟等学者分析了生态承载力与可持续发展的关系,并利用生态供容、生态足迹等方面的研究成果,对不同国家和区域生态承载力影响下的可持续发展进行测算分析。也有部分学者在可持续发展研究成果基础上,对诸多发展模式进行评价,并参考当地生态承载力等因素确定合理的区域发展模式。此外，张爱儒、邹娜、秦艳等学者阐明了生态承载力与产业发展的相互作用，并重点探讨其中的产业布局问题。胡世伟、何晓瑶、曹院平等人运用生态承载力研究农业发展问题，认为良好的生态环境承载力是保障农业可持续发展的重要支柱，并通过指标体系构建，评价不同地区的农业可持续发展水平。还有部分学者将生态承载力引入区域旅游、交通、国土开发领域，通过构建不同的生态足迹模型，分析其最优发展策略。

1.3.2 投资环境的相关研究

承接产业转移的本质是投资在国家和地区间的转移。一方面，改善投资环境是提高产业承接绩效的关键，区域投资环境的不断优化，释放投资需求和消费需求，有利于吸引外来投资，并进一步促成转移产业的顺利落地、有效承接和可持续发展；另一方面，产业承接是投资环境不断提升的动力，对转入区而言，产业承接的有效开展，带来大量资金注入和产业配套能力提升，促进地区社会各项事业的发展，就业机会增加，区域竞争力增强，促使投资环境进一步优化。因此，投资环境与产业承接相辅相成、互为影响，产业承接离不开好的投资环境，区域投资环境改善是实现有效产业承接的前提和基础，地方政府通过户籍、土地、住房、投融资、环境保护、社会保障等方面的政策推动，改善投资环境以承接更多的产业转移，促进区域不断发展。

"投资环境"一词产生于二战以后，国际跨国公司为寻找理想的投资区位，而对发展中国家的投资气候进行普遍研究。20世纪60年代，美国学者伊尔·A.利特法克（Isiah A. Litvak）和彼得·班廷（Peter M. Banting）提出"投资环境"的概念，主要指在一定时间内，特定区域拥有的影响和决定投资运行系统健康成长并取得最优预期效应的各种主观与客观因素的有机复合体，是各种因素相互交织、相互作用、相互制约而成的有机整体。此后，投资环境的研究上升到了学术理论的高度，甚至不同权威机构也对投资环境进行相关界定。根据世界银行的定义，投资环境是影响企业对收益和风险的预期，以及影响企业未来投入的诸多因素的综合，包括影响企业投资决策和投资结果的主观因素和客观因素，这些因素包括国际一体化程度、国内市场的进入和退出障碍、金融服务、政府效率等。经济合作与发展组织（OECD）认为社会基础设施、政策、市场、人力资源等六大因素影响着区域投资环境。由此可见，投资环境可以归纳为影响一个地区吸收外来投资的各种具体条件的集合体，包括自然、经济、政治、法律和社会各个方面，具有综合性、系统性和动态性特点，可分为投资"硬环境"和投资"软环境"。其中，"硬环境"是指能够影响投资的外部的、直接的、有形的物质条件或因素，主要包括自然资源、地理位置、交通条件、经济发展状况等；和硬环境相比，"软环境"是指能够影响投资的各种间接的、无形的非物质形态因素，如政策、法规、管理水平、职工素质、社会文化，等等，这类环境具有正外部性，需要长期建设，其优化投资的作用是持续的，难以在短期内衡量。

国外对投资环境的研究集中在应用评价方面，根据研究主体及侧重点可分为三个阶段。第一阶段为20世纪60年代至80年代初，国际产业承接的第三次和第四次浪潮时期，发展中国家和地区越来越多地承接来自发达国家和地区的产业转移，此时，发达国家和地区开始从投资者视角对发展中国家和地区的投资环境进行评价。20世纪60年代，伊尔·A.利特法克和彼得·班廷运用冷热比较法，根据各国现有调查资料，对各国投资环境的影响因素进行综合评价分析，用"热"和"冷"分别描述国家投资环境的优和劣。罗伯特·斯托鲍夫（Robort B.Stobaugh）从资本回流、外商股权持有程度、对外商管制程度、货币稳定性、政治稳定性、给予关税保护程度、当地资本可用程度与资本市场成熟度、近期通货膨胀程度共八个方面，对目的地进行逐一等级评分，最后汇总出总得分，得分越高说明该地投资环境越好。第二阶段为20世纪80年代，这一时期对投资环境的评估方法比前一阶段更加科学、严谨，量化程度提高，投资环境影响因素的选择也更加客观全面，而且各种专业的投资环境评估咨询机构在这一时期也纷纷成立。日内瓦国际经济研究机构欧洲管理论坛（Europe Management Forum）对27个国家和地区的投资环境进行评价，240个基本评价指标涉及社会、经济、文化、政治等各个方面，其中数据型指标多达四分之三。Wheeler和Mody分析比较了美国跨国公司在不同收入水平的42个国家和地区的投资状况。国际商务公司（Business International Corporation）从政治、社会、经济等方面分析各国投资环境。《财富》从政府、人力资源、生活环境、投资风险、对外开放程度等方面对亚洲国家的投资环境进行多因素分析。Swinteman把投资面临的风险分为竞争风险和环境风险，并进一步把上述风险的影响因素分为企业业务条件和引起变化的主要压力两部分，在此基础上总结了一套投资环境动态分析方法。第三阶段是20世纪90年代以来，学者们进一步拓宽研究视角，把研究的焦点放在投资环境与诸多要素的关系上，如投资环境与投资行为、产业发展、投资效益等方面的关系。Florida、Kenney等学者分析了日本投资环境与产业发展的关系。

自20世纪90年代开始，投资环境研究成为我国学术界的一个研究热点，截至目前，我国学者分别在投资环境相关理论、影响因素以及区域评价等方面进行了深入探讨。

首先，部分学者对投资环境相关理论进行研究。王慧炯在其著作《中国的投资环境》里对投资环境的概念及我国投资环境进行了初步探索。张敦富在著作《中国投资环境》中系统阐述了投资环境的概念及我国投资环境的状况。文余源提出多方法综合应用的系统评价方法,以提高投资环境评价的精度和可靠性。王元京对国内外投资环境评价的国别模式、地区模式和城市模式进行比较研究,通过纵向和横向对比,探讨共性特征。张建平认为投资环境是市场经济条件下政府所提供的一种特殊公共产品,也是政府经济职能的重要内容。

其次,部分学者探索投资环境的影响因素。一方面,柳帅、柳文炜等人从经济发展、社会文化、基础设施、政治法律、自然地理等角度全面分析了影响区域投资环境的诸多要素。另一方面,学者们重点分析其中某一个或某几个因素对投资环境的影响。刘穷志论证了税负、资本外流与投资环境的关系,以此形成经济增长与收入公平分配并行的发展路径。吴白乙和史沛分析了投资对象国的人口年龄结构、投资方的获利模式以及国家间政治互信程度、文化差异等社会安全因素对投资环境的影响。程艳考察了政策制度、市场制度以及两者的合力对投资环境的影响,以此分析厂商投资选择。黎玲君等人在对金砖四国COFDI业绩指数和投资环境进行衡量评价的基础上,构建两者的耦合协调模型,探究各国在二者耦合协调程度上的时空演化规律,为中国对金砖四国的进一步直接投资提供启示与参考。刘军荣证明了宏观经济波动对投资环境具有显著影响,研究内容对投资环境优化和投资风险管理具有政策性和工具性的参考意义。

最后,学者们对区域投资环境进行分析评价。近年来,区域投资环境成为投资环境研究的主要内容,学者们通过对不同类型区域投资环境的分析和比较,试图解释资本的区位流动和区位选择,为各地政府改善投资环境、创建具有区域特色的招商引资优势提供对策,也为国内外投资商的区位选择提供参考。谢守红、王春丽、谢国娥、黄德春、夏昕鸣、文巍等人从人力资源、社会经济、对外开放、基础建设、制度政策等方面构建评价指标体系，分别对非洲、南亚、东南亚、中东欧和阿拉伯国家以及"一带一路"沿线、跨喜马拉雅地区、湄公河流域国家的投资环境进行评价，并分析其空间差异特征。鉴于我国省级行政区在制定招商引资政策、优化投资环境工作中具有重要决策权，刘海飞、莫莎、张钟学、曹曼丽和张小青从政治、社会、经济、自然、环保维度出发，对我国省域投资环境进行评价、排名和分类，发现省域投资环境呈现阶梯状分布。而宋万杰、马国强、倪琳、寻舸和胡鞍钢则各自重点分析了河北省、海南省、湖北省、湖南省和青海省的投资环境，为这些地区改善投资环境提供参考。韩金红、彭赞文、黎熙元、喻婷等学者以主要城市为研究对象，分析市域投资环境特有的影响因素，并以此为基础，评价各市投资环境，总结各市差异。但鲜有学者对县域投资环境进行综合评价分析，且还主要集中在湖北和河南两省县域。

1.3.3 产业承接能力的相关研究

关于产业承接的早期研究，主要包括"雁行模式""产品生命周期理论""边际产业扩张论"等。20世纪30年代，日本学者赤松要（Kaname Akamatsu）根据日本棉纺工业的发展历史提出了"雁行模式"，解释了在产业梯次转移和承接过程中，在某一国家或在不同国家，产业发展先后兴盛衰退的过程。20世纪60年代，雷蒙德·弗农（Raymond Vernon）提出"产品生命周期理论"，认为产品寿命包括开发、引进、成长、成熟、衰退整个过程，因为在各个国家发生的时间和过程不尽相同，由此形成的差距导致了产业转移承接，形成国际贸易和国际投资。20世纪70年代，小岛清（Kiyoshi Kojima）提出"边际产业扩张论"，认为对外投资应该从本国已经或即将处于比较劣势的产业依次进行，且其他国家对日本移出产业的承接顺序与结构也印证了该理论。邓宁（J.H.Dunning）提出"国际生产折衷理论"，认为所有权优势、内部化优势和区位优势决定企业的投资活动，对产业转移承接形成影响。迪肯（Dicken）提出"跨国公司全球转移模式"，认为企业需要经历出口商品影响海外市场、通过许可证转让进行海外扩张、建厂进行海外生产以及实施兼并战略完成国际生产经营活动扩展等几个阶段，实现产业转移承接。

在产业转移过程中，移入地的产业承接能力决定着当地对外来产业的吸引和接纳落地，也决定着产业的进一步健康可持续发展，是衡量产业承接有效性的重要组成内容。我国学者展宝卫较早提出明确的产业承接能力概念，主要从经济发展方面提出产业承接力是一个国家或地区在面对产业转移时所具有的吸引产业、接纳产业和发展产业的能力，是一个国家或地区适合某种产业可持续发展所具有的比较优势和竞争优势的综合体现，最终表现为具有竞争优势的能力。综合国内外研究成果，学者们围绕影响因素分析、区域评价、承接行业选择等方面对区域产业承接能力进行广泛探讨。

首先，部分学者对影响产业承接的相关因素进行研究。雷蒙德·弗农认为技术水平差异、原材料价格、土地成本、劳动力成本等影响着区域产业承接能力。赤松要分析了技术水平、市场需求和劳动力成本对产业承接能力的影响。邓宁发现影响产业承接能力的主要因素有政府对经济的干预程度与效能、国有化程度、市场发展、贸易壁垒、生产成本、基础设施建设、政治稳定等。而迈克尔·波特（Michael E.Porter）则认为生产要素中的高级要素（如现代基础通讯、高素质人才、科研机构等）对区域产业承接能力的影响不断增强。展宝卫把产业承接能力分解为产业吸引力、产业接纳力和产业发展力，其中，产业吸引力由区域市场潜力、产业集聚和支持政策构成，产业接纳力由区域基础设施建设和专业园区发展构成，产业发展力由区域技术创新、产业配套、产业经济等构成。王国红通过构建解释结构模型，找出基于区域承载力的产业集成的关键影响因素，主要包括资源储量和利用、基础设施建设、市场环境等。唐运舒等人基于产业转移类型，分析承接地的产业承接能力影响因素：对于成本推动型产业转移，承接地土地、劳动力、税务等综合商务成本影响承接能力；对于资源推动型产业转移，承接地的自然资源禀赋影响承接能力；对于市场推动型产业转移，承接地消费市场和消费潜力影响承接能力。曹薇从金融发展、资源禀赋等方面分析我国东部、中部、西部三大区域的产业承接能力。贾兴梅探讨了我国东北、中部、西北、西南四大区域产业承接中，资本存量、经济规模、劳动力成本和人力资源对其承接能力的影响。张冬梅的研究发现西部地区产业承接的客观环境和竞争力是影响其承接能力的主要因素。同样，陈飞通过研究则认为，区域公共政策与服务、市场发育、资源环境对西部地区产业承接力影响较大，而劳动力优势、科技发展影响较小。肖雁飞等学者把中部地区产业承接能力分为资源经济可持续能力和环境经济可持续能力，其中，资源经济承载力受产业配套能力、技术研发水平等因素影响，环境经济承载力受自然环境、交通环境等因素影响。李美娟以云南省为例，认为影响产业承接能力的因素包括产业转移的吸引力、选择力、支撑力和发展力。王满四、邓水兰等人都以江西省赣州市为例，从经济、社会发展角度，分析影响产业承接能力的主要因素：王满四主要分析了承接地市场规模及潜力、基础设施条件、产业配套能力、人力资本情况、经济发展水平等因素对当地产业承接能力的影响；邓水兰则从经济规模、固定资产投资、人民生活水平、对外开放程度、交通区位、产业发展和高等教育方面思考当地产业承接能力。周博认为西部地区的中等城市作为我国重要产业承接地，其资源禀赋、要素价格及信息和政策优势决定着当地产业承接能力，应针对产业承接关键能力点进行政策性引导和培育。徐磊分析了武汉、长沙和南昌这三个长江中游中心城市的产业承接情况，确定产业吸引力、支撑力、发展力以及选择力是产业承接力的重要构成要素。

其次，部分学者借鉴产业承接能力影响因素的研究成果，结合实际，对不同区域产业承接能力进行分析评价。第一，在省级及以上区域的产业承接能力研究方面：邵建平等人以西部大开发战略实施为背景，从自然资源、人力资源、政策扶持、经济组织发展等方面分析西部地区对外来产业的承接能力及提升对策。马涛和苏华同时对我国各省（市、自治区）产业承接能力进行测量，研究结果都表明，各地产业承接能力差异显著，其排名与其在中国经济格局中的地位基本一致，地区间呈现明显的板块分布。所不同的是，马涛围绕劳动力成本、市场潜力、投资政策、产业配套、技术研发水平和经济效益六个方面展开产业承接力评价；苏华则围绕着市场状况、产业基础、信息处理与专业化水平、配套支持、辅助支撑五个方面展开评价。高云虹和刘川实证分析了我国中西部省份产业承接能力，高云虹分别测量各地产业吸引力、产业支撑力和产业发展力，并以此综合评价产业承接力；刘川从产业承接载体优势、科技优势、成本优势和环境优势方面构建评价指标体系，采用突变级数法，对中西部省份承接东部高技术产业转移的能力进行定量研究。罗哲和刘明则具体针对我国西部12省份的产业承接能力进行评价分析：罗哲从生产要素、产业优势、体制政策方面构建指标体系进行分析；刘明运用熵权TOPSIS方法从吸引拉力、支撑动力和发展潜力三方面进行分析。肖雁飞和梁曦文分别采用不同的指标体系，具体针对我国中部6省的产业承接能力进行综合测度，他们的研究结论都显示湖北省和安徽省的产业承接综合能力较强，江西省和山西省较低。惠调艳、刘邦凡、吕国清等人分别结合陕西、河北和广西的发展实际，运用因子分析、模糊物元分析等多种方法，对三省、区的产业承接能力进行评价，并探讨其提升对策。第二，在市域产业承接能力研究方面：孙莉选取京津冀城市群、长三角城市群、珠三角城市群、中原城市群、川渝城市群中共59个城市，代表我国东部、中部和西部地区，对其城市承载力进行区域评价和分析比较，为后续学者们研究城市产业承接能力提供参考。段小薇和付德申分别对我国中部六大城市群和中西部城市群的市域产业承接能力进行探索，段小薇运用空间差异分析，从成本因素、对外开放合作、市场吸引、技术创新、产业配套、产业结构和经济发展七个方面，分析评价武汉城市圈、中原城市群、长株潭城市群、皖江城市带、环鄱阳湖城市群和太原城市圈共44个城市的产业承接能力；付德申则围绕产业吸引、产业支撑和产业发展构建指标体系，对中西部城市群范围内的41个地级以上城市产业承接力进行比较。孙威、吴传清、张可云等人则探讨长江沿线城市和京津冀区域城市的产业承接能力，孙威和吴传清运用空间分析方法，研究了长江经济带城市甚至长江经济带中上游城市的产业承接能力，评价维度在原有产业吸引力、支撑力和发展力的基础上，增加产业选择力和产业生态力维度，旨在实现更全面、更客观地评价；张可云采用超效率DEA与主成分分析，定量分析天津和河北各市的产业承接能力，结果显示天津、唐山、石家庄、沧州和邯郸排名靠前。赵宏波、陈亮、陈湘满、周博、何有世等人分别探讨了河南省、湖南省、陕西省和江苏省各市的产业承接能力：赵宏波采用多因素综合评价法对河南省18个地级市产业转移承接力的时空格局进行分析；陈亮和陈湘满研究了湖南省14个市、州的产业承接能力，结果都显示各地差异明显，其中，陈湘满的研究围绕经济发展、产业结构、对外开放、基础设施、科学技术和市场吸引六个方面，陈亮的研究则围绕市场占有率和竞争优势系数两方面；周博通过研究陕西省各地产业承接能力发现，评价结果与各地生产总值的分布趋势基本吻合，即产业承接力与城市整体经济发展水平密切；何有世从产业竞争力、人力资源竞争力、基础环境竞争力三个方面分析江苏省四城市（南京市、无锡市、苏州市、常州市）承接离岸软件外包的能力。第三，在县域产业承接能力研究方面：陈凤桂等学者通过分析适宜性因子和优势度因子，综合评价了广东省除珠三角经济区以外的各个县区产业承接能力，发现粤西和粤东地区承接力较高。杨猛全面研究了河北省滦平县承接北京农业、工业、服务业的发展战略。吴建民等人的研究显示，河北省县域产业承接能力逐年提高，县域经济发展、市场发育和政府调控能力对产业承接力影响较大，此外，产业承接力高的县（市）数量较少，且多分布在中心城市以及交通条件优越的区域周围。张峰等人则分析了黄河三角洲高效生态经济区19个区县的产业承接能力，并由此探讨各地产业承接潜力指数，发现多数地区承接劳动密集型产业的能力较强，而承接技术和资本密集型等产业的能力较弱。此外，有部分学者把研究视角转向某些特殊区域（如产业园、高新技术开发区、工业园等），谢庆华分析了后发展区域产业园的产业承接能力，将其分解为发现与凝聚后发优势的能力、准确把握产业方向的能力、承接模式创新能力、吸引产业转移的能力、吸引企业入驻产业园的能力、稳固接纳转移产业的支撑力和帮助入驻企业落地生根的能力，并以广西北海市电子信息产业园为例进行量化分析。

最后，学者们结合区域产业承接能力，以更加微观的视角，运用不同方法，研究承接地的重点承接行业。第一，站在产业移出地角度，运用产业集聚研究法分析东部省（市）具有转移趋势的行业，并进一步确定中西部省份重点承接行业。高云虹利用静态和动态集聚指数分析中西部省份对东部省份的产业承接，并基于商务成本视角，得出中西部各省（直辖市、自治区）具体承接的重点行业。仇怡和贺清云同时研究了我国中部地区省份的重点承接行业，仇怡在研究中结合层次分析法，最终确定中部六省各自承接产业的最优布局；贺清云则结合产业梯度系数分析，发现中部作为国家重要粮食和制造业基地，应将食品加工、装备制造、汽车及零部件制造作为承接重点，且各省需依据本地资源条件和已有产业基础，对以上产业细分领域错位发展，促进产业集群形成。黄钟仪和姜霞则单独研究了重庆市和湖北省的重点承接行业，黄钟仪比较分析了长江上游省份各行业单位企业工业产值，以此确定重庆市的优势产业和重点承接产业；姜霞采用因子分析明确湖北省的优势产业，以此确定重点承接对象。第二，站在产业承接地角度，运用产业梯度研究法分析中西部省份优势产业以及重点承接行业。高云虹以中西部地区自身的承接能力为基础，依托其优势产业，确定重点承接行业。贺曲夫和薛漫天以中部各省优势产业为基础，分析各地对京津、长三角和珠三角等东部沿海地区主要承接的重点产业。张卫国、曹颖轶和李然则有针对性地研究了重庆市、甘肃省、天津市和河北省的重点承接行业：张卫国分析了重庆市对于东部三大区域工业产业的相对产业梯度系数，以此为基础采用层次分析法确定应优先承接农副食品加工业和饮料制造业；曹颖轶参考甘肃省优势产业，发现石油和天然气开采业、有色金属冶炼及压延加工业、烟草制品业等是其重点承接行业；李然从津冀对北京的产业承接着手，对比分析了京津冀三地工业产业梯度，综合判断天津市和河北省的重点承接行业，天津应发展石油能源和设备制造业，而河北则应发展现代工业和现代农业。赵晓军和李晖利用产业梯度系数对大湘南地区（衡阳、郴州、永州）从珠三角可承接的产业进行甄别。第三，学者们运用其他分析方法探索区域产业承接问题。高登榜从区域产业布局、承接地资源优势、转移产业属性等方面深入阐述了重点承接行业选择中的影响因素，并介绍了承接产业的选择方法。李新安通过对指标体系的综合评价发现，以河南为代表的中部省份应把食品加工、装备制造、汽车及零部件制造等产业作为承接重点，促进产业集群。郭进结合产业转移流强度和生态承载力，确定皖江城市带各市对长江三角洲的主要承接产业，应以资源依赖型和环境依赖型产业为主。邓仲良从空间和产业两个维度建立了产业承接地的选择方法，认为河北省沧州市、邢台市和唐山市、廊坊市、衡水市可重点承接石油加工业、金属加工业、造纸业、纺织业，以此明确北京非首都功能中的制造业疏解。黄海峰利用钻石模型的基准要素对江西省欠发达地区的产业承接问题进行深入分析，认为承接食品加工业是鄱阳湖生态经济区的合理选择，并进一步研究了该区域各板块重点发展的食品加工产业。

1.3.4 产业承接绩效的相关研究

产业承接是欠发达国家和地区得以发展的重要措施。转移产业通过适应承接地新环境，在产业落地以及后续进一步发展过程中，必然对当地产生反馈效应，即产业承接绩效。因此，区域产业承接绩效是站在承接地的角度，分析转移产业在当地落地及后续发展中，对地区发展产生的影响和效应，这种影响和效应是综合的、复杂的和多元的。根据郝洁的观点，产业承接绩效涉及许多方面，会随着产业承接的发生与深化作用于不同层次和不同主体。按照作用的内容划分，产业承接绩效分为经济绩效、社会绩效与政治绩效，经济绩效体现在产业结构、技术创新与扩散、市场发展、经济增长等方面，社会绩效体现在就业、城镇化、生态环境保护等方面，政治绩效体现在国际地位、区域一体化等方面。按照作用的主体层次划分，产业承接对承接地微观企业、中观区域以及宏观国家产生影响。按照作用的传导机制划分，产业承接绩效分为直接绩效和间接绩效：直接绩效属于短期效应，主要体现为承接地资本、技术等要素流入、产业结构变化以及就业改变等；间接绩效属于长期效应，主要体现为产业承接对当地市场竞争、经济增长、城镇化建设等经济、社会方面的长远影响，以及对区域地位等政治方面的长远影响。按照作用的方向划分，产业承接是把"双刃剑"，产业承接绩效分为正面影响和负面影响，不同学者在该方面的研究结论各不相同甚至完全对立：方慧认为我国承接国际服务业转移对产业结构升级、技术外溢、制度变迁、人力资本和竞争力提升存在正向影响；王建平认为产业承接的正面效应主要体现在资本供给、技术优化、产业发展和就业扩大方面，负面效应主要体现为承接地产业的结构性偏差增大、技术级差日益扩大、转移产业本身自带的负外部性等；高云虹总结产业承接绩效主要表现为推动产业成长、促进技术进步等正向影响，以及破坏生态环境等负面影响；李真分别研究传统劳动密集型产业承接、生命周期型产业承接、能源和污染密集型产业承接、价值链垂直转移承接共四种不同产业承接绩效，发现各种承接绩效主要体现为负面影响；雒海潮从经济增长、就业效应、产业结构优化和阻碍效应、技术溢出和创新效应、环境效应等方面分析产业承接绩效。综合分析国内外研究成果，对于产业承接绩效的探讨，不同学者往往有不同角度、不同路径。

第一，部分研究集中探索了产业承接的经济绩效。首先，少部分学者对产业承接的经济绩效进行综合评价。胡伟的研究发现我国中西部地区产业承接对经济增长的带动作用日渐显著，且各地差异较大。王成军以合芜蚌新区为例，发现产业承接和区域创新能推动当地经济增长，提高承接绩效。戴志敏和韦鸿研究了江西省、湖北省各地级市产业承接的经济绩效，发现江西省各地产业承接对经济发展具有门槛效应，湖北省各地产业承接的经济效应不显著，未能改善投资格局和投资水平。周伟从技术溢出、产业集聚和升级、经济增长几方面分析了河北省产业承接的经济绩效，认为产业承接对地区经济增长影响最显著。其次，大部分学者主要针对地区产业承接经济绩效中的技术创新效应进行研究。Suyanto和Jindra认为承接国际产业后的技术溢出已成为承接地尤其是发展中国家或转型经济体技术进步、经济发展的关键因素。马永红认为产业承接将加快技术创新扩散速度，并在一定程度上增加技术创新扩散深度，特别是欠发达地区的产业承接通过各种路径提升了当地企业技术创新能力。刘绍坚围绕跨国公司示范效应、产业关联效应、产业集聚效应、人员流动效应、市场环境效应五方面，对我国承接国际软件外包的技术外溢效应进行评价。刘亚婕和郑重阳实证研究了我国东、中、西三大区域产业承接的技术创新效应，刘亚婕的研究发现中部是目前产业承接最大的受益地区，产业承接加速了地区技术进步；相反，郑重阳却认为产业承接使中西部地区技术溢出效应为负，且造成区域间技术差距不断扩大。陶长琪、刘满凤等学者同时以省域为单位分析产业承接的技术溢出及相关效应，形成截然不同的研究结论：陶长琪从动态演化的视角理论解析了产业承接促进技术势能集聚的内在机理，并对产业承接提升地区技术集聚水平进行验证，认为我国区域技术势能集聚水平具有在时间维度上不断增长、在空间维度上从东北往西南方向扩散的"传导式"演化特点；刘满凤的研究发现中部六省承接国内外产业形成的技术溢出效应不明显。关爱萍和王恒玉分别对甘肃省产业承接的技术溢出和知识溢出效应进行分析，认为知识溢出效应为负，但在对外开放度较高情况下技术溢出作用明显。郎永峰则选取东部、中部和西部的14个城市为样本，发现承接国际软件外包已经产生了显著的技术外溢效应。最后，还有部分学者针对地区产业承接经济绩效中的产业发展效应进行研究。方慧和李睿通过构建模型，阐明我国承接国际产业转移后的产业发展效应。江三良和杨国才分别探讨了我国中部和中西部区域产业承接对当地产业发展的影响，江三良认为产业承接能促进当地产业集群的形成，杨国才认为产业承接作为重要的外生动力，会引起产业—空间结构的优化。郭海霞验证了山西省承接国际产业转移不断地促进当地产业结构优化升级，而魏博通则从三次产业结构优化、制造业结构优化、工业所有制结构变化、空间经济结构变化四个方面，分析江西省产业承接的产业结构效应。

  第二，部分研究聚焦于产业承接的社会绩效。学者们在该方面的研究大多数都集中于产业承接的生态环境效应。邹晓涓、周柯、何龙斌等人详细分析了产业承接地面临的生态环境可承载力低下、错误承接加剧生态环境恶化、转移产业本身的环境风险、环保政策执行效果不明显等问题，并从生态环境外部性、产业转移规律、地区生态意识等方面分析成因。胥留德更是把产业承接对生态环境的影响细化为承接废物资源化利用中的污染、拯救濒危企业中的污染、承接资源开发项目中的污染、承接淘汰产业或设备中的污染，并呼吁针对不同类别采取针对性措施。陈景华从规模效应、结构效应和技术效应三方面阐述产业承接对环境质量的影响。鉴于产业承接对当地生态环境的影响，邓丽、钟劲松、羊绍武、李斌等学者分别从生态文明、生态循环经济、低碳经济、生态供给和需求视角，从限制高碳产业承接、创新政策体系、培育相关技术发展循环经济等方面提出有效解决对策，促进产业承接和生态环境协调发展。近些年来，学者们更倾向于采用实证主义研究方式，对产业承接的生态环境效应进行分析和检验。其一，部分学者认为产业承接提高了承接地的生态环境水平，证明"污染光环"假说。张望构建了一个包括最终产品部门、中间产品生产部门、研发部门三部门的开放分散经济增长模型，通过模型分析发现国际服务外包的技术外溢对承接地环境保护具有积极作用。李梦洁重点考察了皖江城市带的产业承接情况，认为产业承接不一定会使承接地的环境恶化，只要加强承接门槛和环境管制，承接地和转出地可以实现环境"双赢"。任雪萍、陈凡和梁树广分别采用层次分析法（AHP）、双重差分法对市域产业承接的生态环境效应进行探讨，结果表明，皖江城市带市域产业承接对生态环境的负面影响正逐年减弱，"污染避难所"假说在山东各地承接国际产业转移过程中并不成立，甚至在某些地区存在"污染光环"效应，西部地区和一般等级城市国家级承接产业转移示范区的环境优化效应更加显著。其二，多数学者认为产业承接加剧承接地环境污染状况，验证"污染避难所"和"污染天堂"假说。Dean和Holdway通过研究发现，污染性产业通常选择转入环境规制力度较小的地区。王艳红运用碳足迹研究方法，表明我国西部地区承接国际产业转移对环境存在一定压力，当地政府应起主导作用，提高资源、能源利用效率，促进"经济—环境—社会"和谐发展。董琨和张颖检验了我国省域产业承接对当地生态环境的影响，发现随着污染型产业由东部省份向环境规制强度较弱的中西部省份转移，承接地的环境效率随产业承接下降，省级污染产业承接没有达到经济与环境的双赢。孔凡斌和吴传清则具体研究了长江经济带省份，尤其是中上游省份产业承接的生态环境效应，认为产业承接规模快速扩大，由此形成的生态环境负面效应不断增大，以长江经济带中游省份最为显著，且其中国际产业承接对整体生态环境影响最大，"污染天堂"假说得到证实。而常静、孔凡斌和张峰分别将研究区域锁定在湖北省、江西省和山东省黄河三角洲高效生态经济区，发现产业承接并未给上述地区注入更多的环保理念和科技含量，反而加剧了生态环境破坏，且当地政府治污投入严重不足，形成"污染避难所"效应。王建民、袁红林、曹翔更是针对皖江城市带、江西省以及广东省的各地级市，分析市域产业承接的生态环境效应，研究结论揭示上述地区产业承接无法兼顾经济增长和生态环境保护，尤其是重污染产业承接对当地生态环境破坏更严重。此外，学者们除了探索产业承接的生态环境效应外，个别学者也致力于研究产业承接社会绩效中的就业效应以及城镇化发展效应。任志成阐释了承接服务外包的就业效应主要表现在促进就业扩张、劳动者薪酬提高、劳动力技能升级等方面。孙文杰、李占国、魏君英和张志明的研究成果显示，国际产业承接对就业情况的具体影响，会随着承接地要素禀赋结构、承接行业的具体类型、产业结构和经济发展水平的变化存在差异。彭继增建立产业承接与特色城镇化复合系统发展评价指标体系，研究我国各省产业承接与城镇化的协调发展。王珍珍和颜银根都认为城镇化水平提升需要产业承接与居民收入、回流劳动力合力促进。

第三，少数学者关注产业承接的福利效应。孙浩进把产业转移与承接引致的区域福利分为居民福利、企业福利和政府福利三部分，以国际视野探讨亚洲国家或地区在产业承接后的福利变化。研究结论显示，随着日本产业承接从劳动密集型向资本密集型转变，区域福利持续提升；亚洲新兴经济体的区域福利改善中，公共产品供给水平提升显著；我国内地区域福利虽明显改善，但环境负效应明显。在此基础上，作者继而以国内视角，深入分析我国东、中、西部在产业移出和产业承接后各自的福利变化，发现中西部地区在承接东部产业转移过程中，所获福利最大的经济主体是地方政府，其次是企业，最后才是居民。严运楼考察了安徽省产业承接与福利改善之间的互动关系，认为政府需要加大政策支持，促进区域产业与福利之间良性发展。邓阳通过构建模型，分析京津冀三省（市）产业转移与承接对企业个体福利以及区域整体福利的影响，认为现阶段流通产业的疏解降低了区域整体及企业的福利效应。

第四，部分研究综合上述成果，从产业承接的经济绩效、社会绩效、政治绩效等方面，涵盖正、负绩效，综合考察产业承接的综合效应。其一，在全国及大型区域研究方面。陈景华围绕技术效应、优化效应、资本效应和就业效应等方面对我国承接国外服务业的综合绩效进行研判，其结论显示产业承接对承接国的发展带来正效应。杨敏和安增军基于产业关联发展、劳动力资源整合、产业结构优化、环境效益变化四个方面，专门研究了我国长江三角洲、珠江三角洲以及整个大陆地区承接台湾产业转移的正负绩效情况，结论显示珠三角、长三角明显优于其他地区。叶琪、程李梅等学者重点考察了我国西部地区承接东部产业转移的综合绩效：叶琪从区域产业发展、城镇化进程、环境污染、对发达地区的依赖性、要素利用效率、社会发展公平性方面阐明了产业承接的正负效应；程李梅则认为西部地区产业承接绩效不显著，政府政策倾向是其主要原因。李然运用"压力—状态—响应"（PSR）模型构建指标体系，针对京津冀区域的产业承接绩效进行测评，结果显示综合绩效稳步上升。其二，在省域研究方面。张新芝、李志翠等人都致力于测评我国中西部地区各省产业承接的综合绩效：张新芝发现产业承接对工业化与城镇化融合发展有积极影响，且对城镇化发展水平的影响大于对工业化的影响；李志翠从经济发展、产业结构调整、企业成长、居民收入改善等方面综合评价西部省份产业承接绩效。邱小云利用钻石模型，从政府、地方文化、经济发展与生态保护、产业集群与技术创新、对外开放与市场发育、生产成本和市场需求六个方面测评原中央苏区产业承接绩效。程杰、唐树伶和李向阳则单独研究了河南省、河北省和山西省的产业承接绩效：程杰的研究表明河南省产业承接对当地产业结构调整的贡献不足，现代服务业发展较弱；唐树伶从产业规模、经济效益、优势产业集聚效应等方面阐明河北省承接京津产业对当地发展带动性不强；李向阳探讨了山西省产业承接的影响因素，从经济增长、产业结构、技术进步与就业四个维度构建分析理论框架。其三，在市域研究方面。吴汉贤分析了广东省珠三角、东西两翼和山区四部分市域承接产业转移的正负绩效。任莉、陈万旭等人分别对西部、中部六省市域产业承接绩效进行探讨：任莉发现产业承接能推动市域经济发展和环境治理提升，但对地区产业结构升级影响不明显；陈万旭综合产业支撑、产业吸引、产业发展、产业鉴别等因素，全面分析产业承接绩效。孙雷把产业承接绩效细分为经济系统、社会系统和环境系统，以此评价皖江城市带市域产业承接，实现当地经济—社会—环境协调发展。最后，个别研究关注县域产业承接绩效。尹政平运用数据包络分析方法（DEA），对安徽省皖江城市带共59个县（市）的产业承接投入产出效率进行评价，结果是大部分县域具有相对投入产出无效性。雷令文则重点关注县级市的产业承接绩效，从正负效应两方面对其进行评析。

1.3.5 现有研究述评

回顾和梳理现有文献，一方面，学者们对区域投资环境、承接能力、产业承接的各种效应以及综合绩效循序渐进展开研究，硕果累累，这些成果为本书写作提供了理论基础和方法借鉴；另一方面，现有研究成果也表明，区域产业承接评价是涉及投资环境、承接能力、产业承接绩效等诸多因素的全程综合系统评价，应结合具体区域特点进行针对性研究和有效提升。

进一步分析现有成果，在研究区域的选择上，上述投资环境、产业承接能力、产业承接绩效方面的研究，学者们几乎都以国家、国内大型经济区（我国东中西三大地区、长江三角洲、珠江三角洲、长江经济带等）、省域、市域等较大区域为对象，分析产业承接相关问题，鲜有对县域产业承接进行评价，且县域发展中城乡结合的特殊性决定着不能照搬现有的对一般区域产业承接的评价标准，而进一步立足京津冀协同发展实际探讨该区域内县域产业承接的相关研究更是缺乏；在研究内容的定位上，已有成果主要偏重于对影响区域产业承接的某一特定因素进行分析，而从诸多影响因素入手（投资环境、承接能力、产业承接绩效等），对产业承接全过程进行系统分析、全面测量、动态评价的成果较少；在研究角度的选取上，现有关于生态承载力的研究成果丰富，但主要是分析不同领域自身的生态承载力问题，或是以生态承载力为视角探索农业、旅游、交通等方面的可持续发展问题，鲜有以生态承载力为前提，参考各地发展定位，对产业承接综合绩效进行测评和针对性分析。

综上所述，随着我国区域协调发展和新型城镇化战略深入开展、产业转移承接纵深推进以及绿色生态环保理念日益强化，对生态承载力约束下的县域产业承接进行评价与提升，既是现实发展的必然趋势，又是区域发展理论体系研究的继续完善。因此，本书借鉴已有学者研究成果，以京津冀协同发展为背景，以河北省沿京津县（市）等地区为样本县域，按照产业承接的时间轴，重点分析其投资环境、承接能力以及生态承载力约束下的承接绩效，扩展研究视角，以此对河北省县域产业承接全过程进行评价，对优化产业承接进行政策探讨，为县域选择正确的发展道路，实现经济—社会—环境协调可持续发展提供支撑,最终推进新型城镇化建设和京津冀区域协同。

1.4 写作结构与内容

本书主要研究京津冀协同发展背景下河北省县域产业承接动态评价和政策优化,从结构安排方面,全书可分为三大部分。

第一部分包括第1章和第2章,主要对县域产业承接相关理论基础进行梳理,主要涉及研究背景与意义、研究思路与方法、现有研究综述、本次研究的创新与不足,并阐述解释研究中主要的概念与理论,为本书第二部分和第三部分的写作奠定基础。

第二部分包括第3章和第4章,主要分析现阶段河北省县域产业承接的基本情况和效果。第3章首先围绕经济发展、产业发展、市场发育、政府调控能力等方面详细分析了河北省县域承接京津产业转移的动因、基础条件和有效保障,在此基础上,阐明河北省县域产业承接具有符合区域功能定位与发展要求、实现产业升级、集中于环京津地区等主要特征。第4章主要由表及里、由远及近地探讨产业承接对区域、省域、县域的影响,即河北省县域产业承接分别对京津冀区域协同发展、河北省"三区一基地"定位、河北省县域可持续发展带来的效果。

第三部分包括第5章至第8章,主要基于京津冀协同发展下产业承接的发展过程渐次铺开,从发展的、动态的视角,由远及近,从宏观到微观,依次对河北省全省营商环境以及河北省县域的投资环境、县域产业承接能力、生态承载力约束下的县域产业承接绩效进行综合的评价分析与政策优化，实现对河北省县域产业承接的动态分析。第5章首先描述了当前河北省营商环境，并阐明营商环境是区域长期的、全局的大环境，区域营商环境的优劣直接影响着招商引资的多寡，同时也直接影响着区域内企业的经营，是投资环境、承接能力、承接绩效的重要前提，继而构建评价指标体系，对河北省营商环境进行分析评价，提出优化政策建议。第6章进一步研究了京津冀协同发展战略实施前河北省县域投资环境，通过对比优势和劣势，选取县级市和沿京津县域作为样本，测评河北省县域投资环境，并探索投资环境空间优化的对策。第7章紧接着围绕城乡经济发展、县域产业发展、县域金融发展、城乡基础设施建设与城镇化发展四个维度构建评价体系，对河北省县域产业承接能力进行分析评价，以此为依据实行区域优化政策提升各县（市）产业承接力，选择重点承接行业体现承接的主动性和策略性，为提升县域产业承接绩效奠定基础。第8章从产业承接的生态效应、经济增长效应、出口促进效应、居民收入增长效应、民生保障提速效应几个方面综合评价生态承载力约束下河北省县域产业承接的综合绩效水平，并从产业可持续发展、提高县域生态承载力、建立科学长效的绩效评价机制等方面分析绩效优化政策。

1.5 创新与不足

在理论价值方面，目前关于区域产业承接评价的研究，大多把研究对象定位在国家、地区、省域等大型区域上，研究内容主要是对产业承接过程中某一环节进行探讨，且产业承接绩效环节的研究也侧重于分析某一具体效应，相较于此，本书立足于县域和产业承接全过程，从产业承接前的营商环境、投资环境、承接能力到产业承接后的承接绩效，对河北省县域产业承接进行系统、动态评价分析，其研究成果对我国区域发展研究体系是一个有益补充。

在实际应用价值方面，近年来党中央、国务院以及地方各级党委和政府日益关注新型城镇化下的县域发展、生态文明建设、以京津冀协同发展为代表的我国区域产业有序转移和承接等问题，本书以河北为例，对生态承载力约束下的县域产业承接进行评价与探讨，这既能透过河北省县域产业承接的缩影，窥探我国各地县域产业承接的整体发展状况，也能运用河北省县域产业承接评价的分析思路、指标体系和研究方法，对全国相关县域产业承接进行准确评价和提升优化，以期实现县域精准定位、错位承接，推动县域高质量发展，激发区域发展新活力。

由于产业承接评价与优化这一研究问题具有复杂性，同时在作者知识储备、研究材料获取等方面存在局限，本研究还有诸多不足之处。

首先，从全面性、完整性角度分析，产业承接评价的内容还需继续完善。产业承接具有投资规模大、耗时长、行业多、影响范围广等特点，这决定了产业承接评价内容的广泛性。在研究过程中，本书以该领域现有研究成果为依据，结合县域发展特点，抓大放小，在产业承接主要的评价内容上构建评价指标体系，同时考虑评价指标的可操作性和通用性，正因如此，未能兼顾县域产业承接的其他方面设计评价指标。其次，实证研究的基础数据有待进一步扩充。相较于国家、省、市等大型区域，县域经济、社会、生态等各方面发展的相关统计数据相对不完整，导致某些评价指标的设计和评价方法的采用受限。最后，没有对所有县（市）的产业承接和优化政策进行针对性分析。由于河北省县域数量众多，且各地发展特色各异，因此难以逐个对县（市）进行分析探讨，为弥补这一不足，本书在参考县域发展基础、产业承接规模等因素后,以河北省沿京津县(市)等地区为样本进行研究,但这仍无法体现河北省县域产业承接的全貌,在未来工作中该方面尚需细化。因此,本研究只是以河北省为例,对县域产业承接评价进行初步研究,许多方面还需进一步完善。

第 2 章

相关概念与理论

2.1 京津冀协同发展

20世纪50年代，法国地理学家戈特曼（Jean Gottmann）提出"大都市连绵区（Megalopolis）"概念，随后迪肯森（R.E.Dickinson）和木内信藏分别对欧洲和日本城市进行研究，提出近似的城市地域分异三地带学说，将城市分为中心地域、周边地区和远郊腹地的圈层结构，它们从中心向外有序排列。当今纽约都市圈、伦敦都市圈、东京都市圈、巴黎都市圈和北美五大湖都市圈这世界五大著名都市圈的迅猛发展，从实践上检验了上述学者的研究成果。我国改革开放至今，长江三角洲都市圈和粤港澳都市圈强势崛起，大大缩短了与世界五大都市圈的距离，但以首都为核心的京津冀区域却面临着中心城市人口资源环境压力大、区域发展不平衡、生态保护不协同等实际困难。

京津冀区域包括北京市、天津市和河北省的保定、唐山、廊坊、石家庄、邯郸、秦皇岛、张家口、承德、沧州、邢台、衡水11个地级市以及定州和辛集2个省直管市。京津冀区域土地面积22万平方公里，人口11270万，京津冀三地地缘相接，文化和历史渊源深厚，拥有互相融合、协同发展的基础。目前，京津冀协同发展与一带一路发展、长江经济带发展、粤港澳大湾区发展、长江三角洲区域一体化并称为五大国家区域发展战略，这五个区域定位不同，发展目标也不同。本书尝试通过梳理相关政策，更有针对性地对京津冀协同发展进行界定。

2014年，京津冀协同发展首次提出，针对区域内部的互通融合与建设，其目标是实现京津冀优势互补、促进环渤海经济区发展、带动北方腹地发展，从而面向未来打造新的首都经济圈。习近平总书记强调，"实现京津冀协同发展，是面向未来打造新的首都经济圈、推进区域发展体制机制创新的需要，是探索完善城市群布局和形态、为优化开发区域发展提供示范和样板的需要，是探索生态文明建设有效路径、促进人口经济资源环境相协调的需要，是实现京津冀优势互补、促进环渤海经济区发展、带动北方腹地发展的需要，是一个重大国家战略。"中央精神为推进京津冀协同发展提出了加强顶层设计、打破自家"一亩三分地"的思维定式、加快推进产业对接协作、调整优化城市布局和空间结构、扩大环境容量生态空间、构建现代化交通网络系统、加快推进市场一体化进程等要求。

2015年，《京津冀协同发展规划纲要》（以下简称《纲要》）颁布实施，首次提出京津冀区域整体定位和三省市功能定位，体现三地发展"一盘棋"的思想，突出了功能互补、错位发展、相辅相成。《纲要》确定了京津冀协同发展的近期目标（到2017年）、中期目标（到2020年）和远期目标（到2030年），指明协同发展中"功能互补、区域联动、轴向集聚、节点支撑"的布局思路，以及"一核、双城、三轴、四区、多节点"为骨架的空间布局。由此，京津冀协同发展聚焦于有序疏解北京非首都核心功能、调整优化城市布局和空间结构、构建现代化交通网络系统、扩大环境容量生态空间四个方面。

2016年，《"十三五"时期京津冀国民经济和社会发展规划》（以下简称《规划》）印发实施，这是全国第一个跨省市的区域"十三五"规划。《规划》是对《纲要》内容的具体化和可操作化，以创新、协调、绿色、开放、共享的发展理念为统领，提出了到2020年，京津冀区域在经济发展、产业结构调整、区域交通、公共服务、生态环保、社会民生等方面的具体发展目标，并从创新发展、转型升级、互联互通、绿色发展、依法行政等九个方面部署重点发展任务。

2017年，河北雄安新区设立，与北京城市副中心共同构成京津冀协同发展中的"两翼"。雄安新区将按照自身定位，有针对性地承接北京非首都功能，坚持高质量发展、绿色发展与创新发展，打造成为京津冀世界级城市群的重要一极。

综上所述，在京津冀协同发展中，河北省作为"两翼""三轴""四区""多节点"的重要组成部分，是北京市非首都功能的主要疏解地和京津产业的重要承接地，在推动区域产业转移对接、产业转型升级方面作用巨大。

2.2 县域

县级行政区是行政区域划分的一个层级，主要包括市辖区、县、县级市、民族自治县、旗、民族自治旗、特区和林区等。由于传统市辖区的各种经济社会活动主要集中在主城区内，本质上属于城市经济范畴，故传统市辖区不属于本书研究范畴。与传统市辖区不同，具有县域特点的市辖区仍然保留了县城、乡镇、农村等普通县域发展特点，属于本书研究范畴。因此，本书认为，县域是一种行政区划型区域，包括县级行政区划内的地域和空间，它以县城为中心、乡镇为纽带、农村为腹地，其功能完备，并具有地域特点。县域作为区域的基本单位，县域发展是区域发展的重要组成部分，其发展优劣直接影响当地的发展。

区别于我国其他行政区域，县域发展具有特殊性，需要兼顾城乡。一方面，县域发展包括乡村发展。与我国省、市、区等行政区域不同，县域拥有广大的农村，是我国农业经济发展的重要阵地。我国农村人口是县域人口的重要构成，且占全国人口总数的近40%。现代化农业的发展既能保障农产品的供给、促进农民增收，又能吸引外来投资、拓宽资本投资途径，还能为其他行业发展提供人力资源支持，保证这些行业的接续发展。另一方面，县域发展要在乡村建设的基础上，兼顾城镇发展，是城乡发展的结合点，是我国城乡统筹和新型城镇化建设的重点区域，亦是国家重要政策和重大战略的操作与落实平台，在区域发展中具有特殊地位。因此，县域城市化水平越高，产业结构越合理，城市建设的配套设施和环境越完善，代表其城市功能越完备，为吸引和维持资本投资提供保障。

"郡县治，天下安。"县在历史上就是我国行政区划设置的基本单位，同时又是一级基本的经济区，是相对独立、相对完整的经济行政区域。我国的县制历史久远，自秦朝推行郡县制以来一直延续至今，经过数千年的演变，县域经济已经成为我国国民经济的基层经济、基本支柱和统筹城乡经济社会发展的重要环节。

进入21世纪，县域在我国区域发展中的地位越发凸显，是我国宏观经济与微观经济、工业发展与农业发展的结合部，连接着城市与广大农村，在国民经济中具有不可替代的地位和作用。从党的十六大至今，我国更加重视发展壮大县域经济，这对解决我国"三农"问题，推进国家的经济和社会发展的现代化进程，全面建设小康社会具有十分重要的战略和现实意义。目前县域已成为我国各地落实主体功能定位及开发强度的基本单元，在推进新型城镇化建设、产业结构调整、民营经济发展、乡村振兴、创新驱动发展等方面居于基础性地位，是政治、经济、文化、社会、生态文明"五位一体"战略布局的重点区域。

在承接产业转移方面，县域同样扮演着重要角色。在发达地区产业大规模转移之前，县域经济发展主要依赖当地资本，由于各类要素限制，发展缓慢。随着区域产业转移节奏逐渐加快，县域凭借其在产业基础、区位条件等方面的优势，成为招商引资、承接发达地区产业转移的重要区域，各种外来资本大量进入，为县域发展提供助力，各地也在承接产业转移、推动产业落地及可持续发展中增强自身实力、活力和竞争力，加快区域产业结构优化升级，促进区域协调发展。

综上所述，县级行政区属于我国地方政府行政区域，区别于其他行政区域，城市和农村并存是县域的重要特征，且各地县域发展具有鲜明的地域特点。由于本书的研究主要以京津产业向河北省各地转移为背景，对京津两地内部产业转移和承接关注较少，因此书中涉及的产业承接地不包括京津两地的县域，仅界定在河北省所辖县域，包括县、县级市、民族自治县以及具有县域特点的市辖区四类。我国县域发展的特殊性说明，对河北省县域产业承接进行评价，不能完全沿用其他级别区域产业承接评价模式，更不能照搬其他地区县域产业承接评价的指标体系和判断标准，应充分考虑县域发展特点和河北省县域发展实际进行针对性研究。

2.3 产业承接

产业承接是欠发达国家（地区）与发达国家（地区）实现对接和互动

的有效途径，不仅能够增强欠发达国家（地区）发展能力，提升发达国家（地区）发展质量，而且能优化生产力空间布局，形成区域合理产业分工体系。本书通过文献梳理，认为迄今为止世界范围内发生了五次大规模的跨国产业承接，主要包括外商直接投资、服务外包、战略联盟等形式。

第一次跨国产业承接出现在20世纪上半叶之前，法国、德国等欧洲大陆国家及北美国家逐渐承接来自英国的产业转移。第一次工业革命有效地提升了英国生产力，使英国成为世界经济霸主和真正的"世界工厂"，控制着当时世界范围内的工业生产和世界贸易。但是，随着英国产业的高速发展，民众的市场需求日趋饱和，供需矛盾日益突出，由于工业生产引发的环境污染日益严重，产品生产成本逐渐增加，企业家开始对外产业转移，此时由于地缘优势，法国、德国等欧洲大陆国家自然成为重要的产业承接国，而后随着人力资本、自然资源等成本上升，产业再次转移到北美国家。美国作为新兴国家，以此次产业承接为基础，通过第二次工业革命，刺激本国经济迅速发展，继英国之后成为新的"世界工厂"和经济霸主。

第二次跨国产业承接发生在20世纪50年代，德国、日本等国家承接来自美国的产业转移。伴随美国承接产业转移带来的经济腾飞和社会发展，工业制造企业产生的生态破坏和环境污染，以及由于物价升高、民众生活成本上升导致的产品成本增加、企业利润空间缩小，美国等国家的相关企业又一次面临着产业转移。此时由于第三次科技革命、第二次世界大战以及战后冷战格局的影响，德国、日本等国家作为战败国，又成为欧洲、东亚地区两大阵营的前沿阵地，因此，德国和日本成为第二次世界范围内产业转移的主要承接国。在本次产业转移承接中，美国对其国内原有产业结构进行大幅度的调整，国内主要集中发展通信、电子计算机、精密机械、精细化工、家用电器和汽车等资本和技术密集型新兴产业，德国、日本等承接国主要承接钢铁、纺织等传统产业。德国和日本抓住本次跨国产业承接机遇，利用本国原有的人才、技术等工业软实力，提升产业国际竞争力，成为世界经济强国和新的"世界工厂"。

第三次跨国产业承接发生在20世纪六七十年代，"亚洲四小龙"国家和地区（新加坡、韩国、中国香港和中国台湾）以及拉美地区作为主要产业承接地，承接来自德国、日本和美国等国家的产业转移。本次产业承接持续了大约20年的时间，在此期间，"亚洲四小龙"国家和地区先后承接了劳动密集型产业（以轻纺工业为代表）、资本密集型产业（以造船业、汽车业、钢铁业、石油化工业、家电业等为代表）、知识技术密集型产业（以新能源、新材料、微电子等行业为代表），并在本次产业承接后期，上述国家和地区在继续承接国家产业转移的同时，又将部分劳动密集型产业转移到其他发展中国家和地区，形成产业的梯次转移承接结构。第三次世界范围内的产业承接带来了"亚洲四小龙"的经济腾飞，内部产业结构由进口替代型转向出口加工型，加速其成为新兴的工业化国家和地区。在东亚地区，日本为主要产业移出地，部分国家和地区为主要产业承接地，形成了本次国际产业承接中东亚"雁型模式"。

第四次跨国产业承接出现在20世纪80年代，以中国为代表的发展中国家承接来自发达国家和地区的产业转移。本次世界范围内的产业承接中，无论是产业移出地还是产业承接地，都呈现多元化的趋势。产业承接地扩大到大部分发展中国家和地区，主要包括中国以及东南亚、拉丁美洲国家和地区。在产业移出地方面，美国、日本和部分欧洲国家大力发展新材料、新能源等高新技术产业，将产业结构重心向高技术化、信息化和服务化方向发展，进一步把劳动、资本密集型产业和部分低附加值的技术密集型产业转移到海外，与此同时，在第三次国际产业承接中形成的东亚新兴经济体在继续承接美、日、德等国的微电子等高科技产业之余,由于本国或地区市场容量、要素成本、产业升级等因素影响,导致其在境内生产扩张受阻、企业利润空间有限以及资源环境承载力减弱,因此上述东亚新兴经济体国家和地区也作为产业移出地,把缺乏比较优势的劳动密集型产业和部分资本技术密集型产业转移到以中国为代表的发展中国家和地区。我国由于在劳动力成本、土地等资源成本、公共政策优惠、市场容量等方面的优势,成为本次产业承接的重要国家。20世纪90年代以来,在第四次国际产业承接背景下,我国吸引了大量产业移出国家和地区的投资,促进了内地地区工业化进程,成为全球最大的制造业基地,奠定了世界制造大国的国际地位。

第五次跨国产业承接主要指2008年国际金融危机后形成的跨国产业承接。本次产业承接的特点是发达国家和发展中国家同时成为产业承接地。一方面,美国等西方国家力推的以金融业、资产价格等为代表的虚拟经济在这次国际金融危机中遭到重创,为挽救经济,陆续提出"再工业化""制造业复兴"等计划,吸引产业回流,因此,一些发达国家作为承接国重新将之前向海外转移的企业迁回本国。另一方面,随着我国经济快速发展,要素成本升高,以及经济发展新常态下对"速度变化、结构优化、动力转换"的要求,部分产业从我国移出,被更低要素成本国家和地区承接。

我国自近代工业产生以来就伴随着区域产业转移承接现象,从新中国成立前躲避战争的需要,到改革开放前的政策计划引导,再到改革开放后逐步加入市场机制引导,大致经历了四次较大规模的区域产业承接,前三次承接分别是针对抗日战争时期的区域产业转移、20世纪60年代开始的"三线"建设时期的区域产业转移、20世纪90年代开始的以纺织产业"东锭西移"为代表的区域产业转移。第四次是我国在转变经济发展方式下的新一轮区域承接产业转移,全球金融危机后,国际竞争压力增强,在人力资源、生态资源、自然资源、政策优惠等方面,东部地区优势逐渐减弱,中西部地区优势日益明显,相关产业由东部沿海省份向中西部省份转移,且规模不断扩大,速度不断加快,中西部地区成为东部产业转移的重要承接地。例如,富士康在郑州等地设立新工业园,英特尔关闭上海工厂并扩建成都生产基地,惠普在重庆设立笔记本电脑出口制造基地,联合利华湖南建立新厂,海尔、格力、美的、TCL等家电企业启动在内地建立新的生产基地。本次承接产业转移不仅合理化东部省份的产业结构,助力其经济发展和社会转型,也极大地改善了中西部省份发展中面临的资金短缺、人才不足、技术落后、经济总量较小的局面,为当地发展注入新鲜活力。

通过对国际产业承接和我国区域内产业承接的分析,本书认为,产业承接包括移出地的产业转移和承接地的产业承接有效实现。

产业转移是一个国家(地区)跨区域地将部分或整体产业迁移到另一个国家(地区)的经济行为,是经济发展的必然产物。弗农的产品生命周期理论认为产业转移是企业为了顺应产品生命周期的变化,回避产品生产的比较劣势而实施的空间移动,是产品生命周期特定阶段的产物,是产品演化的空间表现,是企业将产品生产的部分或全部由原生产地转移到其他地区。本书中的产业转移主要指区域产业转移,即国内京津冀区域内部的产业转移,这种产业转移主要原因是国内区域间在产业梯度、经济发展、产业竞争、地方政府政策引导、地方环境管制等方面存在差异,为了达到生产要素的比较优势,企业通过跨地区投资,形成产业在空间分布上的变化。

产业承接有效实现不仅包括产业顺利落地,还包括产业在承接地的可持续发展。一方面，产业在承接地的顺利落地受到产业吸引、产业接纳等诸多因素影响，比如，产业承接地宏观营商环境和投资环境如何？产业承接地承接能力如何？根据"不搞同构性和同质化发展"，各承接地应做到结合自身发展现状合理布局，避免无选择的盲目承接和地区之间的无序争夺。参考现有承接能力和自身发展特色怎样选择重点承接产业？各承接地应采取哪些措施提升承接能力？等等。另一方面，产业在承接地的可持续发展既包括产业的有效承接，又包括产业承接对当地区域经济、产业结构、产业集群、区域生态环境等社会发展各方面的绩效影响，这主要取决于各地能否找准定位、突出特色，以产业承接为契机，坚持生态优先、可持续发展道路，以此带动当地经济、政治、文化、社会和生态文明"五位一体"综合建设，最终实现区域平衡与充分发展。

产业承接目的就是要在一定区域内重新整合要素资源，实现经济再造，重塑经济增长的动力源泉。产业转移承接是当前京津冀协同发展的关键一环，因此，本书主要分析京津冀协同发展背景下，区域内部移出地的产业转移和承接地的产业承接实现，重点是分析面对北京市和天津市的产业转移，河北省各县（市）作为重要产业承接地，如何有效实现产业承接。产业承接的最终目的既不是关注转移的产业本身，也不是产业转出地和转入地，而是通过产业转移对接，推进产业分工和专业化发展，促进整个区域产业结构优化，加快区域综合协调发展。

2.4 生态承载力

承载力是衡量人类活动与自然环境之间相互关系的科学概念，是人类可持续发展度量和管理的重要依据。承载力原属工程地质领域的研究范畴，1798年托马斯·罗伯特·马尔萨斯（Thomas Robert Malthus）的《人口原理》将承载力研究与人口规模增长结合分析，而后相关研究进一步扩展到区域承载力、经济承载力等方面，主要根据空间、人口数量、经济发展、生产要素等分析区域承载社会经济总量的能力。

随着我国经济快速发展，在城市化和工业化过程中，自然资源和生态产品大量损耗，资源约束、环境污染、生态恶化等问题日益突出，植被遭到破坏、生物多样性减少、绿色生态空间锐减、资源污染严重，生态环境已成为区域协同发展以及可持续发展的"瓶颈"。2011年，在对土地资源、水资源、环境容量、生态系统等因素综合评价的基础上，我国发布《全国主体功能区规划》，基于不同区域生态、环境和资源的承载能力，结合现有开发现状和开发潜力，划定不同主体功能区域。中国共产党第十八次、第十九次全国代表大会提出并推进经济、政治、文化、社会、生态文明"五位一体"总体布局，旨在加快转变经济发展方式，改革区域绩效考核体系，实现科学发展，有利于从源头上扭转生态环境恶化趋势，促进资源节约和环境保护，应对和减缓气候变化，实现可持续发展。因此，建立区域生态承载能力监测预警机制，贯彻"创新、协调、绿色、开放、共享"的科学发展理念，坚持生态优先、绿色发展，有利于促进各类资源集约节约利用，形成社会经济全面协调、人与自然和谐的可持续发展，把生态环境优势转化为社会发展优势，从"绿水青山"到"金山银山"。

依据《中华人民共和国环境保护法》，人类的自然环境包含了自然资源与环境两部分，环境又进一步细分为大气、水、土壤和生态环境。环境学将地球环境划分为大气圈、水圈、岩土圈和存在于此三圈之间的生物圈四大圈层，生物圈是人类环境的一个重要组成部分，是与人类生存和发展关系极为密切的环境，即生态环境。因此，生态承载能力广义上是指生态系统的自我维持、自我调节能力，以及资源与环境子系统的供容能力及其可维育的社会经济活动强度和具有一定生活水平的人口数量。狭义上，生态承载能力是在一定时期内，居于大气、水和土壤之间的生物圈层及其依赖的其他环境因素，对于社会经济活动的承载与支撑能力，是资源环境承载能力的重要组成部分。

构建区域生态承载力评价体系，一方面有利于观测生态系统的完备性、内部协调性和可持续性，综合反映生物圈保护现状，并进一步反映大气、土壤和水资源的发展状况，准确测量生态系统自身载重强度；另一方面还有利于衡量生态系统和社会发展的协调程度，促进区域可持续发展，建设美丽中国。生态承载力是对生态承载媒体客观承载能力与承载对象压力的综合反映，其研究对象是由"自然资源—社会经济—生态环境"组成的复合生态系统。生态承载能力水平能精准反映区域生态环境优劣程度，是评判与衡量生态系统与社会经济协调发展、区域可持续发展及绿色发展的重要依据。

随着经济全球化和区域协同发展的深入，欠发达国家和地区进行产业承接有效地解决了当地资金不足、人才稀缺、技术落后的困境，促进地区经济发展。但在此过程中，发达国家和地区受本地产业升级影响，势必会把污染产业及产业链低端企业转移到海外，与此同时，产业承接地由于对自身生态承载力认识不清，对生态环保重视不够，生态环境管理能力较低，甚至部分地区为了获取外来投资，在区域竞争中以牺牲生态环境为代价制定"优惠政策"，导致产业承接变成污染承接，承接地变成"污染天堂""污染避难所"，给当地生态环境带来负面影响，阻碍其可持续发展。在第四次国际产业承接期间，该时期也是我国东部省份产业西移时期，根据《中国环境年鉴》和国家统计局相关数据，我国实际利用外资额从1990年103亿美元增长到2008年952.53亿美元，外商投资企业登记注册数量也从1990年25389户增加到2008年434937户，产业承接拉动经济发展，但工业废水排放量、工业废气排放量以及工业固体废物产生量也分别从1993年219亿吨、93423亿标立方米、61708万吨增长到2012年的222亿吨、635519亿标立方米和329044万吨，其中，工业废气排放量增长了近6倍，增长幅度最大。由此可见，产业承接研究不能仅从产业经济学范畴进行，也不能封闭地、片面地、单一地探讨产业承接对经济发展的绩效影响，而应将产业经济学、生态经济学和系统论的思想方法融入其中，把产业承接放到"生态—社会—经济"所构成的复合系统中。尤其是对产业承接进行绩效评价时，把可持续发展纳入其中，重视环境风险，综合分析承接产业转移对经济、社会、生态环境各方面协调发展的影响。

京津冀协同发展是重要的国家战略，主要通过非首都功能的顺利疏解和有效承接，实现三地功能定位和区域特色，突出功能互补和错位发展，在区域"一盘棋"思想指导下，三地相辅相成、协同融合、增强合力，服务于京津冀区域整体发展目标。产业承接是京津冀协同发展的关键环节，承接地在有效承接产业转移的同时，要考虑地区发展的可持续性，如何协调好经济发展与生态环境保护这一突出矛盾，如何有效避免高物耗、高能耗、高排放企业进入及对本地生态环境的进一步破坏，在产业承接过程中如何防止生态环境承载力降低，是相关研究者亟须解决的问题。

区域产业承接不仅要从经济发展方面分析，更要防控环境风险，从社会发展、生态环境保护等方面综合考虑，把区域可持续发展融入产业承接研究中。本书写作以京津冀协同发展为背景，把河北省县域产业承接综合分析作为研究对象，尤其是对县域产业承接进行绩效评价时，把生态环境承载力作为前提和重要依据,纳入县域产业承接绩效评价体系中,全面分析产业承接对河北省县域经济、社会、生态环境的综合影响,推动形成以生态环境保护为前提的产业承接空间格局,促进产业承接与生态环境的协调可持续发展,增强京津冀区域的国际竞争力和影响力,在引领全国区域协同发展、创新驱动发展等方面发挥更大作用。

2.5 绩效评价

何为绩效(Performance)?不同的学科和专业给出了不同的含义。

从管理学的角度,学者们认为绩效是组织期望的结果,是组织为实现其目标而展现在不同层面上的有效输出,包括个人绩效和组织绩效。个人绩效是组织绩效的基础,但组织绩效并不是个人绩效的简单加总,合理的组织设计,可以有效调节个人和组织之间的矛盾冲突,达到个人绩效和组织绩效的良性互动。

从经济学的角度,学者们认为绩效与薪酬是员工与组织之间的对等承诺关系,绩效是员工对组织的承诺,薪酬是组织对员工的承诺。

从伦理学的角度,学者们认为绩效是每个组织成员按照社会分工所确定的角色,忠实履行自身社会责任的能力、行为和过程,表现为一种责任的应当,是组织成员在组织伦理文化和自身道德意识的指引下履行职责的伦理实施、行为和过程的统一,是员工自身价值的实现过程。伦理学视角下的绩效更加公正和全面,既包括投入,又包括产出,其中,投入是一切与工作业绩和目标的实现相联系的各种要素投入,不仅包括物质实体的要素投入,还包括员工道德情感、责任意识、忠诚观念、人际关系以及工作环境和氛围、企业文化等一系列影响员工绩效的非物质实体的因素投入；产出也不仅仅局限于物质形态的内容，还包括员工对组织文化、组织策略、人际关系的额外贡献。

本书综合上述成果，结合研究主题，认为绩效反映的是从事某一种活动所产生的成绩和成果，即业绩、成效。

什么是绩效管理（Performance Management）？绩效管理是对组织的服务或目标进行设定与实现，并对实现结果进行系统评估的过程。无论企业还是公共部门，一个完整的绩效管理周期主要包括绩效计划、绩效辅导、绩效评价、绩效激励四个阶段。绩效计划是指在绩效周期开始时，结合组织年度目标，在部门、个人层面设定绩效目标，在绩效计划过程中，需要注重各层级之间的沟通工作，保证员工理解并认同各自的绩效目标和责任。绩效辅导是指组织内上下级之间对绩效完成情况、绩效与能力的差距展开充分讨论的过程，通过反馈使各部门及员工了解自身的工作进展，并进行双向式讨论，着重培养能力和提高绩效水平。绩效评价是指在绩效周期的末端，组织对各部门及员工在整个绩效周期的表现进行正式评价与反馈，并为下一周期的绩效计划做好准备。绩效激励是指根据绩效评估的结果，实施绩效奖励政策，同时对绩效欠佳的部门和个人进行酌情分析，采取在岗培训、岗位调动等针对性措施，最终提升绩效，实现组织目标。

由此可见，绩效评价是绩效管理过程中的中心环节，是考虑组织内部管理与外部效应、数量与质量、时间与效益、经济因素与伦理政治因素的基础上，对获得的各类产出进行评审，是一个包含指标体系、评价方法、评价主体与对象等内容，运用多种技术，定性分析和定量分析相结合的过程。绩效评价在绩效管理中起到承上启下的作用，凸显了组织的价值取向，为各类组织的管理提供控制和监督机制。

第3章

河北省县域产业承接现状分析

3.1 河北省县域产业承接的基础和保障

县域的有序发展及良好预期为产业承接提供基础和保障。本部分采用比较分析法，主要从县域的综合发展、经济发展、产业发展、市场发育、政府调控能力五个方面，阐述京津冀协同发展背景下，河北省县域承接京津产业转移的动因、基础条件和有效保障。

3.1.1 县域综合发展

县域发展是区域发展的基础单元，县域发展能够有效地增强地方综合实力和经济竞争力，维系各地区发展。根据《中国县域统计年鉴2019》，我国县域总数超过2000个，行政区域面积约900万平方公里，约占全国区域面积的94%，县域内人口超过10亿，约占全国总人口的74%。

河北省是农业大省，是全国粮、棉、油集中产区之一，县域作为连接城乡的重要部分，对河北全省发展有着举足轻重的作用。近年来，河北省县域发展取得了很大成效，截至2018年底，河北省县域数量136个，县域人口数6321万，占全省常住人口85%，县域面积17.6万平方公里，占全省区域面积近94%，并且河北省县域数、县域人口数和县域面积在全国各省级行政区中排名分别为第2位、第5位和第13位，具体见表3-1。

表3-1 我国各省份县域发展情况表

省份	县域数量（个）	县域人口（万人）	县域面积（万平方公里）	省份	县域数量（个）	县域人口（万人）	县域面积（万平方公里）
北京	5	213	0.83	湖南	88	5939	19.31
天津	4	261	0.56	广东	78	6384	15.63
河北	136	6321	17.63	广西	81	4454	21.34
山西	97	2560	14.21	海南	15	581	2.94
内蒙古	84	1888	116.85	重庆	26	2372	6.82
辽宁	44	2255	12.93	四川	140	6685	45.41
吉林	41	1797	17.75	贵州	78	4006	16.86
黑龙江	66	2239	36.57	云南	120	4263	37.30
上海	2	122	0.22	西藏	73	304	116.02
江苏	64	5992	9.45	陕西	87	2846	18.61
浙江	62	3715	9.22	甘肃	76	2329	43.93
安徽	62	4980	11.13	青海	40	488	67.90
福建	59	2814	10.96	宁夏	13	372	4.59
江西	81	4081	15.60	新疆	91	2002	166.01
河南	110	9162	14.92	山东	91	6993	12.31
湖北	67	4447	16.54	总计	2081	102866	900.32

（资料来源：《中国县域统计年鉴2019》，不包括台湾省、香港特别行政区、澳门特别行政区以及海南省的西沙群岛、南沙群岛、中沙群岛的岛礁及其海域。）

进一步分析发现，河北省各地县域发展参差不齐，具体见表3-2。在县域数量和县域人口方面，保定市所属县域数量22个，人口近1095万，远远领先于其他地区，而秦皇岛市和承德市的县域数量较少，分别为4个和8个，县域人口也远远少于其他地区，分别为185万和322万。在县域面积方面，受地理条件影响，承德市和张家口市都超过3万平方公里，甚至接近4万平方公里，而衡水市、秦皇岛市和廊坊市的县域面积均不足1万平方公里。

表3-2 河北省县域发展情况表

市	县域数量（个）	县域人口（万人）	县域面积（万平方公里）
石家庄市	17	789	1.40
唐山市	10	580	1.26
秦皇岛市	4	185	0.66
邯郸市	14	814	1.06
邢台市	17	706	1.21
保定市	22	1094	2.20
张家口市	12	342	3.33
承德市	8	322	3.82
沧州市	14	707	1.31
廊坊市	8	392	0.55
衡水市	10	391	0.82

（资料来源：《中国县域统计年鉴2019》。）

鉴于县域发展在河北全省发展中的重要地位，河北省早在"十二五"期间就通过实施"一圈、一带、一区、一批"的"四个一"战略，构筑环首都绿色经济圈、打造沿海经济隆起带、加快发展冀中南经济区、培育千亿元级重点园区和大型企业集团，加快县域整体发展，推动区域全面协调发展。并且，现阶段省内各地相继设立开发区、沿海开放县、各类产业园等，吸引国内外投资。首先，在国家级开发区的建设方面，目前河北省拥有秦皇岛、廊坊、沧州临港、邯郸、唐山曹妃甸和石家庄共6处国家级经济技术开发区，石家庄、唐山、保定、承德和燕郊共5处国家级高新技术产业开发区，石家庄综合保税区、曹妃甸综合保税区、秦皇岛出口加工区和廊坊综合保税区共4处国家级海关特殊监管区域（具体见附录1）。此外，国务院划定河北省的滦县、乐亭县、唐海县、昌黎县等县（市）为沿海地区开放县。上述开发区和开放县对当地及周边县域发展产生了积极影响。其次，在省级开发区的建设方面，河北省在各县（市）设立省级开发区，主要发展战略性新兴产业和高端现代服务业，促进县域发展。现阶段，河北省共有138个省级开发区（石家庄市17个、唐山市13个、秦皇岛市4个、邯郸市17个、邢台市17个、保定市16个、张家口市11个、承德市9个、沧州市14个、廊坊市9个、衡水市11个），几乎涉及每个县（市），布点率高（具体见附录2）。开发区逐渐成为聚集和配置先进生产要素的重要载体，吸引外来投资，此外，开发区还发挥示范引领、辐射带动作用，加速河北省县域城镇化进程，促进县域综合发展，缩小县域发展差距。

近年来，在京津冀协同发展背景下，河北省把县域发展纳入优化高质量发展格局之中。按照近年来河北省政府工作报告要求，首先，高质量推进新型城镇化，以张北地区和雄安新区发展为引领，推动雄安新区、保定市、廊坊市、张家口市、承德市、沧州市等环京津县域融入京津都市圈，培育石家庄为中心的冀中南都市圈和唐山为中心的冀东北都市圈，促进石家庄市、衡水市、邢台市、邯郸市、唐山市、秦皇岛市各县域发展，构建"两翼三圈"城镇空间布局。其次，高质量推动区域协调发展，支持环京津县域与京津规划、政策对接，加快基础设施互联互通；支持沿海地区发展临港产业和海洋经济，优化港口布局和管理体制，加快港产城互动发展；支持冀中南地区做大做强区域发展平台，发展壮大省会经济，推动邢台等市打造京津冀健康食品产业基地；支持冀西北地区加快发展绿色产业，探索生态立市、生态兴市新路。按照创新驱动、标准引领、品牌营销等路径，深入实施县域特色产业振兴计划，培育一批新型工业强县、特色农业大县、魅力旅游名县，增强特色产业集群实力。

3.1.2 县域经济发展

县域发展中，县域经济是重要内容。首先，县域经济发展增速明显。2002年以来，我国县域经济驶入快速发展的轨道，成果显著，地位增强。根据《中国县域经济十年发展报告》显示，十年来，县域地区平均生产总值从2002年的28.20亿元增长到2011年的121.10亿元，翻了两番；县域地方财政一般公共预算平均收入从2002年的1.00亿元增长到2011年的6.61亿元，增长了5.61倍。"十三五"时期，我国县域抓住黄金发展机遇，加快创新发展，不断摸索、不断前行，根据《中国县（市）社会经济统计年鉴》，截至2018年底，县域地区平均生产总值超过223亿元，县域一般公共预算平均收入近16亿元，在2011年的基础上增长迅速。其次，县域发展成为社会发展的重要组成部分，县域经济已占国民经济的"半壁江山"。2018年，全国县域地区生产总值合计达46.5万亿元，约占全国GDP的51%；全国县域一般公共预算收入合计达3.2万亿元，占全国地方财政一般预算收入的33%。这是县域发展环境不断改善的结果，也为接下来县域产业承接顺利开展奠定了基础。

河北省县域经济发展对全省发展意义重大，居于重要地位。如表3-3所示，2018年河北省县域人口约占全省常住人口数的85%；县域生产总值24516亿元，占全省GDP的75.45%，分别居全国第9位和第1位；县域一般公共预算收入1520亿元，占全省的43.25%，居全国第8位。以上指标均远远超过我国各省县域经济发展的平均水平。因此，河北省县域经济发展的总量优势为其承接京津产业转移提供了重要保障。

表3-3 我国各省县域经济发展总量情况表

省份	县域地区生产总值占比	县域公共预算收入占比	省份	县域地区生产总值占比	县域公共预算收入占比
北京	5.17%	3.77%	湖北	42.91%	27.26%
天津	16.01%	7.90%	湖南	59.96%	54.71%
河北	75.45%	43.25%	广东	30.71%	14.22%
山西	58.01%	29.19%	广西	54.80%	29.61%
内蒙古	66.79%	35.75%	海南	43.62%	22.22%
辽宁	34.21%	19.89%	重庆	44.91%	27.77%
吉林	64.71%	32.73%	四川	53.93%	46.91%
黑龙江	57.12%	18.96%	贵州	73.85%	43.77%
上海	3.59%	10.53%	云南	58.81%	40.58%
江苏	66.93%	54.03%	西藏	68.59%	57.14%
浙江	60.88%	52.15%	陕西	55.30%	25.88%
安徽	41.79%	46.38%	甘肃	56.04%	27.30%
福建	51.98%	42.42%	青海	63.64%	23.74%
江西	64.75%	54.05%	宁夏	43.54%	22.28%
山东	63.66%	41.04%	新疆	65.57%	52.26%
河南	65.91%	43.21%	全国	52.04%	33.89%

（资料来源：《中国县域统计年鉴2019》，不包括台湾省、香港特别行政区、澳门特别行政区以及海南省的西沙群岛、南沙群岛、中沙群岛的岛礁及其海域。）

虽然河北省县域数量众多，县域经济总量较大，且在全省经济发展中的占比较高，但是，和我国其他省份相比，河北省县域经济实力相对落后。全省县域生产总值和公共预算收入的人均规模均落后于全国平均水平。根据表3-4所示，2018年，我国县域人均生产总值47741元，地方人均公共预算收入5203元，而河北省县域人均生产总值38783元，县域人均公共预算收入2404元，在31个省份中位居第16位和第20位。此外，根据《中国县域经济发展报告（2019）》，在全国百强县中，河北省仅有迁安市（第24位）、三河市（第57位）、武安市（第63位）、任丘市（第94位）4地入围，少于江苏省（占23席）、浙江省（占21席）、山东省（占18席）、河南省（占8席）和福建省（占6席）；在全国百强区中，河北省仅有唐山市的丰润区（第51位）、丰南区（第57位）、曹妃甸区（第62位）以及石家庄市藁城区（第83位）入围，少于广东省（占21席）、江苏省（占16席）、重庆市（占10席）、浙江省（占7席）、上海市（占7席）、山东省（占6席）、湖北省（占6席）、四川省（占6席）和北京市（占5席）。

表3-4　我国各省县域经济发展实力情况表

省份	县域地区人均生产总值（元）	县域人均公共预算收入（元）	省份	县域地区人均生产总值（元）	县域人均公共预算收入（元）
北京	80317	10239	湖北	40539	2027
天津	81879	6365	湖南	36679	2635
河北	38783	2404	广东	48082	2696
山西	36156	2614	广西	24150	1118
内蒙古	57102	3518	海南	36889	2880
辽宁	35655	2307	重庆	40879	2653
吉林	40520	2260	四川	34610	2745
黑龙江	32778	1086	贵州	28305	1887
上海	106252	61494	云南	28808	1899
江苏	104113	7781	西藏	34903	4325
浙江	95050	9262	陕西	46525	2040
安徽	28541	2839	甘肃	19498	1021
福建	71459	4532	青海	35869	1329
江西	36043	3143	宁夏	41048	2611
山东	60671	3806	新疆	41950	3997
河南	35923	1776	平均	47741	5203

（资料来源：《中国县域统计年鉴2019》，不包括台湾省、香港特别行政区、澳门特别行政区以及海南省的西沙群岛、南沙群岛、中沙群岛的岛礁及其海域。）

进一步分析发现，河北省各地县域经济发展两极分化现象严重（见表3-5）。在人均地区生产总值和人均预算收入方面，唐山市、廊坊市和石家庄市所辖县域远远超过其他地区；在县均规模以上工业企业单位数方面，各地县域发展差异更大，沧州市、石家庄市、唐山市和廊坊市所辖县域具有绝对优势。

表3-5 河北省各地县域经济发展实力情况表

地区	县域地区人均生产总值（元）	县域人均一般公共预算收入（元）	县均规模以上工业企业单位数（个）
石家庄市	46337	2818	138
唐山市	94700	5009	136
秦皇岛市	36595	1542	29
邯郸市	29774	1723	75
邢台市	24806	1311	72
保定市	25140	1635	72
张家口市	26383	2008	22
承德市	34514	1808	43
沧州市	37533	2030	140
廊坊市	50990	6005	115
衡水市	28198	1561	83

（资料来源：《中国县域统计年鉴2019》。）

由此可见，县域经济既是河北省经济发展的重要组成部分，又是河北省经济社会发展中的薄弱环节，也是实现河北省高质量发展的潜力所在，更是京津冀协同发展的关键。按照2019年河北省县域经济暨新型城镇化工作会议精神，河北省应以推进县域经济发展和新型城镇化建设为抓手，认真贯彻新发展理念，到2020年全省县域经济发展实现"四个高于""五个提升"和"六个突破"的主要目标。① 实现河北高质量发展，全面落实京津冀协同发展战略，积极承接北京非首都功能疏解，切实增进人民群众福祉，加快全面建成小康社会步伐。在承接北京非首都功能疏解中增强县域经济实力、活力、竞争力。

3.1.3 县域产业发展

从京津冀协同发展的视角来看，三地产业结构存在较大差异，呈现产业梯度差。京津冀三地的产业发展规模显示，北京市的产业结构不断调整升级，且近年来第一产业和第二产业所占比重不断下降，第三产业比重持续上升，优势明显，截至2018年底，北京市第一、第二和第三产业所占比重分别为0.36%、16.54%和83.09%，服务业和高新技术产业发展规模较大、水平较高。随着这些年天津市和河北省不断调节产业结构，大力发展第三产业，现阶段津冀两地呈现三二一型产业结构，天津市三大产业所占比重为1.31%、36.18%和62.5%，河北省为10.27%、39.71%和50.01%，相较于北京和天津，作为传统重工业大省，河北省第二产业所占比重大。因此，河北省各地在产业承接过程中，一方面与天津容易存在同质化矛盾，另一方面对高技术产业承接能力不足，对小企业的承接日益加深区域产业发展与生态环境保护的矛盾。

产业兴，则县域兴。县域的可持续发展和特色发展也离不开当地产

---

① "四个高于"，即县域生产总值增速高于全省，一般公共预算收入增速高于全省，城乡居民收入增速高于全省，规模以上高新技术产业增加值增速高于全省。

"五个提升"，即县域经济实力明显提升，县级财力明显提升，发展质量明显提升，生态环境明显提升，城乡统筹水平明显提升。

"六个突破"，即县城和重点建制镇建设取得突破，主导产业和产业集群建设取得突破，交通体系建设取得突破，市场主体培育和企业上市挂牌融资取得突破，基本公共服务体系建设取得突破，全国百强县数量取得突破。

业发展，第一产业比重下降、第三产业迅速发展是各地产业发展的普遍规律。结合《中国县域经济发展报告（2019）》和《中国县域统计年鉴2019》，在产业从业人员比重和产业增加值比重两方面，河北省县域和全国百强县存在差异，见图3-1和图3-2。在产业从业人员方面，和全国百强县相比，河北省县域一产从业人员比重过大，占64.78%，而二产、三产从业人员比重较小，均不足20%。在产业增加值方面，河北省县域三产比重和百强县相当，一产比重12.53%，仍然高于百强县，而二产比重仅为44%，小于全国百强县水平。因此，河北省县域产业结构仍需进一步优化调整，并在此基础上坚持均衡性、整体性发展，优化产业布局，推动区域协调发展。

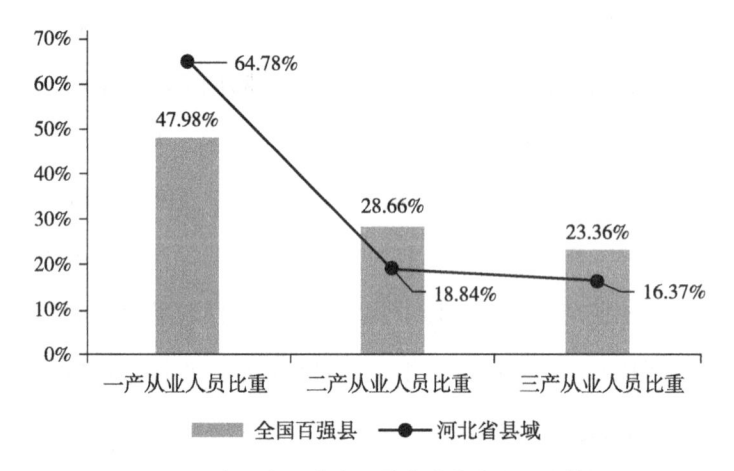

图3-1　全国和河北省三种产业从业人员比较图

（资料来源：《中国县域统计年鉴2019》《中国县域经济发展报告2019》。）

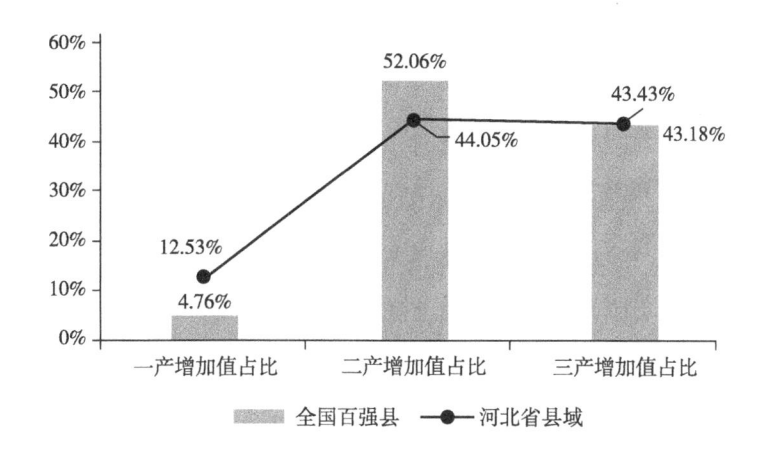

图3-2 全国和河北省三种产业占比比较图

（资料来源：《中国县域统计年鉴2019》《中国县域经济发展报告2019》。）

产业是县域经济发展的主要支撑，而产业发展重在特色。特色产业具有独特的自然资源禀赋、历史文化内涵、产品市场优势等，能够促进县域特色化发展，具有较强的市场竞争力和辐射带动力，能促进对京津产业转移的精准化承接。打造特色产业，必须立足县情，发挥优势，突出特色，走生态化、高端化、规模化、差异化发展之路。

首先，宏观层面上，河北省从全省优势产业入手，实施重点突破。[①]第一，集中培植战略性新兴产业链，推进相关基地园区、试验区等建设。在高端装备产业培植方面，重点发展智能装备、节能与新能源汽车和智能网联汽车、先进轨道交通装备、先进通用航空装备、先进工程与专用装备，打造优势突出、特色明显的装备制造产业集群。在新一代信息技术产业培植方面，重点发展新型显示、通信产品与网络设备、大数据与云计算、高端软件、新型消费类电子等信息技术产业，以及形成产业后发优

---

① 参见《关于加快推进工业转型升级建设现代化工业体系的指导意见》（冀政发〔2018〕4号）。

势。在生物医药产业培植方面，重点推进重大药物产业化，创新发展高端医疗康复器具。在新材料产业培植方面，重点发展电子信息新材料、新型功能材料、高性能纤维及复合材料、前沿新材料。在先进节能环保产业培植方面，重点发展高效节能技术装备、先进环保技术装备、新型绿色建材。在新能源产业培植方面，发展高效光伏设备、高端风电设备、智能输变电设备。在未来产业培植方面，超前布局、重点培育发展新一代人工智能、下一代互联网和通信、生命科学等未来产业。第二，优化升级优势传统产业链，提升竞争力和影响力。钢铁工业方面发展汽车和家电用钢、优特钢、钢材精深加工；石化工业方面构建以原油加工为源头，烯烃、芳烃为下游，精细化工和终端应用产品为延伸的产业链条；食品工业方面重点发展功能性食品、养生保健食品和方便休闲食品；纺织服装工业方面重点发展高档面料、家用纺织品和服装、产业用纺织品。第三，发展现代生产性服务业产业链。在工业设计方面，围绕机器人、智能家居、可穿戴设备、家电产品、家具、康复器具、日用陶瓷玻璃、服装、箱包、皮革等重点领域，聚焦设计要素资源，形成一批工业设计创新成果，推动清河羊绒、安平丝网等区域特色产业集群植入工业设计，形成"设计+"产业链。在信息技术服务业方面，重点支持互联网企业、信息技术服务企业发展平台经济、共享经济和分享经济，大力实施"互联网+"战略，全力推动互联网在各行业融合发展，培育一批知名互联网龙头企业。在电子商务方面，对工业电商主要是支持重点行业骨干企业建立在线采购、销售、服务等第三方工业电子商务平台；对农村电商主要是鼓励其与物流、商贸、邮政等社会资源合作构建农村购物网络平台，对跨境电商主要是大力推广"线上集成+跨境贸易+综合服务"为主要特征的跨境电子商务新模式，鼓励跨境电商企业向综合保税区集聚。在现代物流方面，以临港产业带动腹地产业发展，培育和支持枢纽经济区、升级物流产业聚集区和标准化物流园区，构建"互联网+高效物流"智能化协同服务体系。在工业旅游方面，利用旅游产业加强工业遗产保护和利用，加快推进省内优质特色企业与旅游融合，促进新能源开发与旅游结合，加大对旅游产品、户外活动用品的研发生产。

其次，中观层面上，河北省从省内各区域带特色入手，构建"一核、四区、多集群"的产业差异化发展新格局，解决区域发展不平衡问题。① 第一，通过打造雄安新区高端高新产业发展核心区，坚持世界眼光、高端引领和面向未来，优化布局新一代信息技术产业（如人工智能、大数据、云计算、物联网、移动互联网等）、生命科学和生物医药产业（生物药研发、基因工程、高端医疗设备研发等）、军民融合产业（信息安全、智能机器人、高端新材料等）、高端服务业（工业设计、科技服务、智慧物流等），积极培育发展量子通信、区块链、未来网络、重大疾病新药创制、纳米材料、石墨烯等未来产业，形成世界级高端高新产业集群。第二，通过发展四大示范区，实现开放型经济和内联式发展互促并进，其中，石保廊创新发展示范区加快高端装备、电子信息、大数据、生物医药、节能与新能源汽车和智能网联汽车、汽车零部件等战略性新兴产业创新发展；张承绿色发展示范区重点发展大数据、绿色食品、高端装备、新型建材、新材料、清洁能源、冰雪运动装备等绿色低碳环保产业；秦唐沧沿海开放发展示范区加快港口经济功能升级和产业集聚，通过沿海优势，发展海洋经济、外向型经济，秦皇岛重点发展生命健康、电子信息、高端装备、食品深加工、海洋装备等绿色产业，唐山和沧州重点发展

---

① 参见《关于加快推进工业转型升级建设现代化工业体系的指导意见》（冀政发〔2018〕4号）。

精品钢、现代石化、高端装备、生物医药等产业产业；邢衡邯特色产业和新兴产业发展"双轮"驱动示范区继续做优做强纺织服装、农副产品深加工、特色轻工、精品钢等原有特色产业，实现中高端发展，培育并发展电子信息、新材料、高端装备等战略性新兴产业。第三，打造有竞争力的特色产业集群，主要包括依托现有优势改造提升以形成有影响力的县域特色产业集群；通过打造高产业层次、高集约集聚水平、高绿色发展水平、具有转型升级引领作用的新型工业化基地园区，发展一批特色产业集群；依托各地龙头企业带动专业化配套企业集聚发展，形成一批"整机+配套+服务"链条完整的产业集群。

最后，微观层面上，河北省为推动县域特色产业振兴发展，制定了县域特色产业集群振兴发展计划。[①] 第一，聚焦县域特色产业集群振兴发展路径，在4个领域8类项目上进行专项资金支持，见表3-6。第二，确定了省级重点支持的107个特色产业集群名单，见附录3。

表3-6 河北省县域特色产业集群振兴发展项目表

支持领域	支持项目	支持对象与资金使用
特色产业龙头企业创新发展	技术创新示范鼓励	特色产业集群内的技术创新示范企业，用于企业研究机构建设、新产品新技术开发等。
	龙头企业"走出去"对接洽谈补助	县域特色产业集群龙头企业，用于企业赴境外对接洽谈项目。
特色产业市场营销	专业展览展会补助	举办专业展览展会的产业集群，用于展会的场地租赁、展览设计、材料费用、展会布展等。
	区域品牌宣传推广	已开展或正在开展区域品牌宣传工作的县市，用于区域品牌宣传推广工作。

---

① 参见《河北省人民政府办公厅关于河北省县域特色产业振兴工作方案的通知》。

续表

支持领域	支持项目	支持对象与资金使用
特色产业公共服务体系建设	鼓励发布价格指数	建立指数平台，发布价格指数的产业集群，用于项目技术开发、指数运行维护和指数发布
	打造公共服务载体	已评审认定和通过复核的省级小微企业创业创新示范基地、省级中小企业公共服务示范平台和省级中小企业示范集群，用于基地、平台和示范集群购置服务设备、提升服务能力、开展服务活动和对标交流
	特色产业检验检测服务	每个省级重点支持的特色产业集群
特色产业集群智慧化试点建设	电子商务、智能物流发展、协同创新平台（联盟）智慧生态建设及大中小企业融通发展等	试点产业集群，用于支持试点集群的电子商务、智能物流发展、协同创新平台（联盟）智慧生态建设及大中小企业融通发展等工作

（资料来源：《2019年河北省县域特色产业集群振兴发展项目申报指南》）

截至2019年底，全省县域特色产业集群269个，年营业收入达19885.02亿元，同比增长14.85%，超过同期规模以上工业增加值增速9.25个百分点，超过同期高新技术产业增加值增速4.95个百分点；上缴税金471.47亿元，同比增长12.83%；从业人员428.5万人，同比增长5.2%。特别是省级107个重点产业集群，以不到40%的数量占比，实现全省县域特色产业集群营业收入总量的61.97%，2019年营业收入达12277.53亿元，增速18.24%。[1]

3.1.4 县域市场发育

从1978年至今，我国40多年的改革开放促进了多方面体制改革，传统的计划经济体制转向市场经济体制，上述改革激发经济活力，加速国内生产总值增长，人均GDP不断增加，居民收入大幅提高，社会福利制度持续完善。但是，我国各地区市场发育程度差异较大，相关学者从政府与市场

---

[1] 河北省县域特色产业振兴发展情况新闻发布会实录，2020年10月21日.http://gxt.hebei.gov.cn/shouji/xwzx12/tpxw95/760612/index.html。

关系、非国有经济发展、产品市场的发育程度、要素市场的发育程度、市场中介组织的发育和法治环境五个方面测量各地市场化指数，研究我国区域市场发育程度。研究结果显示（见表3-7），2008年以来，我国市场发育在一段时间内出现一定程度的放缓、停滞甚至下降，总体而言，东部地区和中部地区进步较快，东北地区和西部地区进展相对较慢，东部地区市场化发育程度显著高于其他地区，西部地区仍然比较落后。河北省市场化总得分6.42分，较2008年提高0.92分，但总得分仍低于全国6.72分的平均水平，增长幅度也低于全国1.27分的平均水平，市场化进程排名从2008年第16位下降至2016年第20位。

表3-7　2016年我国各省市场化水平及变动情况表

地区	市场化指数（分）	排名	较2008年指数升降（分）	较2008年排名升降	地区	市场化指数（分）	排名	较2008年指数升降（分）	较2008年排名升降
浙江	9.97	1	2.19	2	吉林	6.70	17	0.98	-3
上海	9.93	2	1.79	-1	陕西	6.57	18	2.24	7
广东	9.86	3	2.34	1	广西	6.43	19	0.75	-4
天津	9.78	4	3.19	4	河北	6.42	20	0.92	-4
江苏	9.26	5	1.42	-3	黑龙江	6.14	21	1.29	-1
福建	9.15	6	2.36	1	山西	5.66	22	1.37	4
北京	9.14	7	1.90	-2	海南	5.28	23	0.84	1
重庆	8.15	8	2.11	2	宁夏	5.14	24	1.00	3
山东	7.94	9	1.05	-3	贵州	4.85	25	0.41	-2
湖北	7.47	10	2.07	8	内蒙古	4.80	26	0.13	-5
河南	7.10	11	1.22	1	云南	4.55	27	0.06	-5
安徽	7.09	12	1.17	-1	甘肃	4.54	28	0.81	0
四川	7.08	13	1.30	0	新疆	4.10	29	0.59	0
湖南	7.07	14	1.73	5	青海	3.37	30	0.43	0

续表

地区	市场化指数（分）	排名	较2008年指数升降（分）	较2008年排名升降	地区	市场化指数（分）	排名	较2008年指数升降（分）	较2008年排名升降
江西	7.04	15	1.59	2	西藏	1.02	31	−0.25	0
辽宁	6.75	16	0.44	−7	平均	6.72		1.27	

[资料来源：王小鲁、樊纲、胡李鹏：《中国分省份市场化指数报告(2018)》，社会科学文献出版社,2019。表中数据不包括台湾省、香港特别行政区、澳门特别行政区。]

本书以上述学者的研究成果为基础，考虑县域数据的可获取性，从市场分配（非政府分配）经济资源的比重、金融规模两方面，进一步衡量分析我国各省县域市场发展状况（具体见表3-8）。其中，采用"县域政府支出/县域生产总值"表示市场分配经济资源的比重，政府支出在生产总值中所占比重越低，则表示由市场分配资源的比重越高；采用县域金融机构贷款余额在县域生产总值中所占比重表示金融规模，进一步反映金融这一重要的要素市场的发育程度。测量结果显示，河北省县域市场分配经济资源的比重为82.10%，金融规模为83.62%，同时位于全国第10位，高于全国县域平均水平，这说明河北省县域绝大部分资源由市场配置，且金融要素市场发育较好，金融供给力度较大，企业融资难得到一定程度缓解，上述优势能更好地服务承接产业落地后的进一步发展，但也要注意防范由此带来的金融风险问题。

表3-8 2018年我国各省县域市场发展情况表

省份	市场分配经济资源的比重	金融规模	省份	市场分配经济资源的比重	金融规模
北京	49.41%	143.25%	湖北	83.11%	53.18%
天津	82.37%	71.57%	湖南	81.68%	53.35%
河北	82.10%	83.62%	广东	85.80%	72.96%
山西	77.91%	63.56%	广西	75.86%	73.03%

续表

省份	市场分配经济资源的比重	金融规模	省份	市场分配经济资源的比重	金融规模
内蒙古	77.24%	86.04%	海南	67.14%	63.15%
辽宁	81.27%	74.85%	重庆	80.20%	69.42%
吉林	75.94%	71.42%	四川	79.76%	68.55%
黑龙江	73.67%	66.53%	贵州	75.03%	89.80%
上海	58.26%	145.94%	云南	70.08%	90.91%
江苏	89.76%	75.44%	西藏	23.19%	87.22%
浙江	86.41%	144.07%	陕西	82.94%	45.16%
安徽	79.21%	82.37%	甘肃	54.13%	149.98%
福建	89.04%	63.99%	青海	53.62%	77.05%
江西	78.17%	80.95%	宁夏	64.69%	83.16%
山东	89.75%	56.55%	新疆	63.83%	89.51%
河南	85.04%	42.06%	全国平均	74.08%	81.25%

（资料来源：《中国县域统计年鉴2019》，不包括台湾省、香港特别行政区、澳门特别行政区以及海南省的西沙群岛、南沙群岛、中沙群岛的岛礁及其海域。）

3.1.5 县域政府调控能力

政府作为重要的资源配置机构，运用现代治理手段，提供公共产品、公共服务，制定公共政策，从而增加公共福利，规避市场失灵，促进区域发展。实践证明，区域产业有效承接不能完全依赖市场，政府在其中也扮演着重要角色。一方面，承接产业的选择和落地需要政府的科学规划和合理引导；另一方面，产业落地后可持续发展所需的各种要素资源在一定程度上需要政府调控。因此，强大的政府调控能力对产业有效承接至关重要。

国内外对政府调控能力以及管理效率的研究随着政府运行环境的变化不断变迁和创新，从公共选择理论中的"政府失败"，到新公共管理理论中的"重塑政府""企业型政府""政府再造"等，再到新公共服务理论倡导为公民而不是顾客提供公共服务，最后到协同政府理论强调政府角色的回归、公共责任、公共利益和多方合作，以及中国特色社会主义理论中政治体制改革要求，党的十九大提出"打造共建共治共享的社会治理格局"。与此同时，改革开放40多年来，我国政府借鉴国内外优秀研究成果，吸取各国政府改革经验教训，立足本国国情，不断推进政府机构改革，提高政府管理效率，增强政府调控能力，这其中既包括中央政府层面的数次机构改革，又包括浙江省、河北省、贵州省等地方政府层面开展的"最多跑一次""大数据+"等特色模式改革。

近年来，相关研究从政府公共服务、政府规模、居民经济福利、政务公开、精准扶贫、扶贫服务与成效等方面，对我国地方效率进行测量，进一步反映各地政府的调控能力。研究结果显示，我国省级政府效率排名总体上呈现"华东—中南—西南—华北—东北—西北"的阶梯形分布趋势；同一区域内不同省级政府效率差异较大，如华东的上海市和华北的北京市两地政府效率位居前两位，但华东的安徽省和华北的河北省两地政府效率为进入前十；省级政府效率排名与区域经济发展水平在一定程度上正相关。

本书以上述研究成果为基础，考虑县域数据的可获取性，从政府支出、社会福利事业发展、医疗卫生事业发展、教育事业发展四个方面进一步分析我国各省县域政府调控能力（见表3-9）。其中，政府支出在地区生产总值中占比表示县域政府支出，用于分析县域政府综合配置资源情况；每万人拥有的社会福利收养性单位床位数表示县域社会福利事业发展情况；每万人拥有的医疗卫生机构床位数代表县域医疗卫生事业发展情况；中小学在校生人数占总人口比重表示县域教育事业发展情况。测量结果显示，河北省县域政府支出占比较低，仅为18%，排名第22位，低于全国县域26%的平均水平，并且每万人拥有的医疗卫生机构床位数较少，仅为42，排名第19位，低于全国县域44的平均水平，上述指标说明河北省县域政府整体上在资源配置方面比重较小，医疗卫生事业产品的供给有待增强，政府在卫生事业方面的调控能力有待提高。相较而言，河北省县域社会福利事业和教育事业发展较好，每万人拥有的社会福利收养性单位床位数为60，中小学在校生人数占比13%，排名分别为第4位和第8位。

表3-9 我国各省县域政府调控能力情况表

省份	政府支出	社会福利事业发展	医疗卫生事业发展	教育事业发展	省份	政府支出	社会福利事业发展	医疗卫生事业发展	教育事业发展
北京	51%	112	67	9%	湖北	17%	39	47	9%
天津	18%	29	34	12%	湖南	18%	28	51	11%
河北	18%	60	42	13%	广东	14%	18	35	13%
山西	22%	20	40	10%	广西	24%	16	34	13%
内蒙古	23%	32	51	8%	海南	33%	10	33	13%
辽宁	19%	35	44	7%	重庆	20%	35	47	10%
吉林	24%	41	43	8%	四川	20%	41	52	10%
黑龙江	26%	41	39	7%	贵州	25%	21	44	14%
上海	42%	115	67	7%	云南	30%	14	51	13%
江苏	10%	46	48	11%	西藏	77%	41	33	13%
浙江	14%	68	50	11%	陕西	17%	24	48	10%
安徽	21%	44	32	10%	甘肃	46%	10	44	11%
福建	11%	26	37	12%	青海	46%	24	43	13%
江西	22%	33	38	14%	宁夏	35%	27	36	14%
山东	10%	32	43	11%	新疆	36%	22	57	16%
河南	15%	23	40	14%	平均	26%	36	44	11%

（资料来源：《中国县域统计年鉴2019》，不包括台湾省、香港特别行政区、澳门特别行政区以及海南省的西沙群岛、南沙群岛、中沙群岛的岛礁及其海域。）

进一步分析发现（具体见表3-10），河北省各地县域政府调控能力的各指标表现差异较大,在每万人拥有的医疗卫生机构床位数和中小学在校生人数占比方面,各地发展较均衡,而在政府支出占比和每万人拥有的社会福利收养性单位床位数方面,各地发展离散性较明显,地区间差异较大,如政府支出占比最低和最高分别为8.78%、40.21%,相差近5倍。上述情况说明河北省各地县域政府在医疗卫生事业发展和教育事业发展方面表现较为一致,调控能力较均衡,而在整体资源配置和社会福利事业发展方面调控力参差不齐,应进一步取长补短。此外,河北省各地县域政府调控能力出现分化。和河北省其他地区县域相比,北部张家口市、承德市、唐山市和秦皇岛市所辖县域政府调控能力表现不稳定。在社会福利事业和医疗卫生事业发展方面,河北北部地区县域政府调控能力普遍较强;在教育事业发展方面,上述县域政府调控能力在全省排名靠后;在整体资源配置方面,北部张家口市和承德市所辖县域政府调控能力较强,而同样是北部唐山市和秦皇岛市所辖县域政府调控能力较弱,其中唐山市县域远远低于其他地区。

表3-10 河北省各地县域政府调控能力情况表

地区	政府支出	社会福利事业发展	医疗卫生事业发展	教育事业发展
石家庄市	16.13%	78	37	12.44%
唐山市	8.78%	70	48	12.20%
秦皇岛市	15.97%	93	43	10.34%
邯郸市	17.18%	56	42	15.68%
邢台市	21.84%	61	40	12.88%
保定市	23.02%	38	42	13.51%
张家口市	40.21%	57	44	10.07%
承德市	24.31%	85	54	12.05%
沧州市	16.39%	53	39	14.01%
廊坊市	22.43%	59	46	15.28%

(资料来源:《中国县域统计年鉴2019》。)

3.2 现阶段河北省县域产业承接的主要特征

3.2.1 县域产业承接按照区域功能定位与发展要求进行部署

2015年,《京津冀协同发展规划纲要》出台,确定了京津冀区域整体发展定位,也明确了北京、天津和河北三地功能定位。《纲要》对京津冀整体定位为"以首都为核心的世界级城市群、区域整体协同发展改革引领区、全国创新驱动经济增长新引擎、生态修复环境改善示范区",对北京市的定位为"全国政治中心、文化中心、国际交往中心、科技创新中心",对天津市的定位为"全国先进制造研发基地、北方国际航运核心区、金融创新运营示范区、改革开放先行区",对河北省的定位为"全国现代商贸物流重要基地、产业转型升级试验区、新型城镇化与城乡统筹示范区、京津冀生态环境支撑区"。上述京津冀区域整体定位体现了三省市"一盘棋"的思想,突出了功能互补、错位发展、相辅相成,京津冀三地定位既服从和服务于区域整体定位,符合京津冀协同发展、促进融合、增强合力的战略需要,同时又充分体现出三地各自的发展特色。

随着国家《纲要》出台,北京市、天津市、河北省以及相关部门各自出台了相应的贯彻实施方案,并依据京津冀三地的功能定位进行了具体部署。北京市通过控制、限制以及禁止等措施,向天津市和河北省逐渐转出不符合首都功能的产业。2014年,北京市人民政府办公厅印发了由市发改委、教委、经济信息化委、国土局、环保局等部门制定的《北京市新增产业的禁止和限制目录(2014年版)》(京政办发〔2014〕43号),从全市和四类功能区域（首都功能核心区、城市功能拓展区、城市发展新区和生态涵养发展区）两个层面，以及禁止性和限制性两类管理措施，明确了新增产业的禁止和限制目录（见表3-11）。与此同时，天津市也按照功能定位要求，有选择性地承接北京市产业转移，以及转出与其定位不符的产业。河北省各县（市）开始承接大量京津转出产业。

表3-11 北京市新增产业的禁止和限制目录表

适用区域	禁止和限制的行业
全市范围	全部禁止和限制：采矿业； 部分禁止和限制：农林牧渔业，制造业，交通运输业、仓储和邮政业，住宿和餐饮业，批发和零售业，信息传输业、软件和信息技术服务业，房地产业，居民服务业、修理和其他服务业，文化、体育和娱乐业，教育，以及电力、热力、燃气及水生产和供应业。
首都功能核心区	全部禁止和限制：农林牧渔业（环境绿化除外）、制造业、建筑业； 部分禁止和限制：批发和零售业，交通运输业、仓储和邮政业，房地产业，租赁和商务服务业，教育业，卫生和社会工作，以及电力、热力、燃气及水生产和供应业。
城市功能拓展区	部分禁止和限制：制造业，批发和零售业，交通运输业、仓储和邮政业，房地产业，租赁和商务服务业，卫生和社会工作，以及电力、热力、燃气、水生产和供应业。
城市发展新区	部分禁止和限制电力、热力、燃气及水生产和供应业。
生态涵养发展区	部分禁止和限制制造业以及电力、热力、燃气、水生产和供应业。

［资料来源：《北京市新增产业的禁止和限制目录（2014年版）》（京政办发〔2014〕43号）］

为了避免各地对产业的无序承接，实现错位发展，河北省在"十三五"规划中确定了全省各地在京津冀协同发展中的定位（见表3-12），这为各市所辖县域科学合理承接京津产业转移提供了方向和指导。

表3-12　河北省主要城市在京津冀协同发展中的定位表

城市	定位
石家庄市	功能齐备的省会城市和京津冀城市群"第三极"
唐山市	东北亚地区经济合作的窗口城市、环渤海地区的新型工业化基地、首都经济圈的重要支点和京津唐区域中心城市
保定市	创新驱动发展示范区和京津保区域中心城市
邯郸市	全国重要的先进制造业基地、区域性商贸物流中心和京津冀联动中原的区域中心城市
张家口市	国家可再生能源示范区、国际休闲运动旅游区和奥运新城
承德市	国家绿色发展先行区、国家绿色数据中心和国际旅游城市
廊坊市	科技研发及成果转化基地、战略性新兴产业和现代服务业聚集区
秦皇岛市	国际滨海休闲度假之都、国际健康城和科技创新之城
沧州市	环渤海地区重要沿海开放城市和京津冀城市群重要产业支撑基地
邢台市	国家新能源产业基地、产业转型升级示范区和冀中南物流枢纽城市
衡水市	冀中南综合物流枢纽、安全食品和优质农产品生产加工配送基地、生态宜居的滨湖园林城市

（资料来源：《中共河北省委关于制定河北省国民经济和社会发展第十三个五年规划的建议》。）

2016年，京津冀三地政府以及工业与信息化部四部门联合发布了《京津冀产业转移指南》（2016年第27号），构建"一个中心、五区五带五链、若干特色基地"的产业发展格局，该文件进一步明确河北省各县（市）应依托自身产业优势进行精准承接，并指明河北省县域优先承接发展的产业方向。第一，"一个中心"即依托北京的科技和人才资源优势，打造具有全球影响力的科技创新中心和战略性新兴产业策源地。第二，以"五区"为突破建设重要引擎，即以北京中关村、天津滨海新区、唐山曹妃甸区、沧州沿海地区、张家口和承德地区为依托，强化政策支持与引导，实现率先突破，建成京津冀产业升级转移的重要引擎。第三，以"五带"为支撑优化区域布局，每个产业带中涉及的河北省县域载体（园区、基地等）都有明确的产业发展方向，这为各地实施优先产业承接指明方向。其中，京津走廊高新技术及生产性服务业产业带利用北京技术优势和天津、廊坊等地的制造能力，重点发展高新技术产业、生产性服务业和高端装备制造业；沿海临港产业带利用秦皇岛、唐山、天津、沧州等地港口优势和制造业基础，重点发展滨海产业、先进制造业和生产性服务业，形成滨海型产业带；沿京广线先进制造业产业带利用保定、石家庄、邢台、邯郸等地要素资源优势，通过改造传统产业和培养战略性新兴产业，重点发展电子信息、新能源、生物医药、装备制造、新材料等产业；沿京九线特色轻纺产业带利用衡水以及邢台、邯郸、沧州的部分地区，重点发展农副产品深加工业、现代轻工业等；沿张承线绿色生态产业带利用北京、天津、张家口、承德等地山区，重点发展绿色低碳产业，建设绿色生态农业、农副产品加工业和生物医药产业基地。第四，以"五链"为特色形成区域优势，即引导汽车、新能源装备、智能终端、大数据和现代农业五大产业链合理布局，协同发展。第五，依托现有地方特色产业集群，强化集群创新力，通过服务平台建设、兼并重组以及品牌建设等手段，夯实集群的凝聚力，增强龙头企业的带动力，提升集群的竞争力。

因此，随着各地功能定位的最终确定以及相关文件出台，京津冀区域产业转移由原来的梯度转移为主转向改变城市功能为主的新阶段，京津冀协同发展中河北省县域产业承接也承载了转变区域功能的使命。河北省各县（市）按照地区功能定位，结合县域优势和特色，有效承接京津产业转移，并在接收产业的同时，做好环境和生态的保护，在京津冀区域形成产业生态系统。

3.2.2 县域产业承接由传统产业向现代产业演进

京津冀由于地理位置相邻，地域一体、文化一脉，历史渊源深厚，且三地发展差异明显，通过产业转移与承接建立彼此相互促进的协同发展模式势在必行。从三地发展水平分析，无论是产业结构还是人均GDP，北京和天津优于河北，京津冀之间明显的梯度落差促使京津地区的诸多产业向河北转移。

在京津冀产业转移的早期阶段，学术研究成果以及实践发展情况均表明，河北省县域产业承接以传统产业为主，尤其是传统制造业占比最大。

第一，在理论成果方面，部分学者结合区域发展实际进行研究，认为河北省县域产业承接应以传统制造业为主。首先，学者们利用产业梯度系数、比较行业增长率等方法分析北京、天津应转出行业。研究结论显示，北京的产业发展已呈现出高端化特征，天津则呈现出传统产业和现代产业并重的发展趋势，河北省则以传统产业发展为主。北京市具有转出趋势的行业包括木材加工及木竹藤棕草制品业，黑色金属冶炼及压延加工业，皮革、毛皮、羽毛及其制品和制鞋业，废弃资源综合利用业，橡胶和塑料制品业，文教、工美、体育和娱乐用品制造业，有色金属冶炼及压延加工业，黑色金属矿采选业，化学原料和化学制品制造业，纺织服装、服饰业，农副食品加工业，金属制品业，食品制造业，饮料制造业，造纸及纸制品业等行业。天津市具有转出趋势的行业包括纺织业、印刷业和记录媒介复制业、家具制造业、非金属矿物制品业、造纸及纸制品业等行业。其次，相关学者通过考察河北省各市所辖县域产业发展特色，认为石家庄市纺织业、纺织服装与服饰业以及皮革、毛皮、羽毛及其制品和制鞋业优势明显，秦皇岛市金属制品业、食品制造业优势明显，唐山市黑色金属冶炼及压延加工业优势明显，沧州市化学原料和化学制品制造业优势明显，邢台市和邯郸市黑色金属冶炼及压延加工业、纺织业优势突出，廊坊市的优势产品包括文教体育用品制造业、食品制造业，保定市的造纸及纸制品业、橡胶和塑料制品业、农副食品加工业优势突出，承德市黑色金属矿采选业和饮料制造业具有优势，张家口市的通用设备制造业和农副食品加工业也具有一定优势，而衡水市农副食品加工业以及皮革、毛皮、羽毛及其制品业优势明显。最后，综合京津具有转出趋势的行业以及河北省各地优势产业，学者们阐明河北省各地的承接行业，从表3-13中不难发现，由于河北省各设区市及其所辖县域在制造业上具有比较优势，技术和资本相对完善，所以河北省应承接的京津产业以传统制造业为主。

第二，在实践发展方面，传统制造业仍是河北省县域承接京津产业转移的主要构成（见表3-14）。20世纪90年代开始，北京首都钢铁公司炼钢厂、北京焦化厂、第一机床厂铸造车间等大型企业将整体或部分生产环节转移到河北省，这些企业属于传统制造业，且在北京已不具备发展优势。2011年，张家口市怀来县陆续承接了北京市中关村部分中小企业。2013年，邯郸市和沧州市的所辖县域承接北京医药化工、汽车制造及其零部件生产企业转移。2014年，河北省对北京市的产业承接愈加活跃，河北省各地对北京市建材、化工、家具制造、服装纺织、钢铁、锻铸造等产业分批完成承接，其中，邯郸市成安县与鸡泽县开始承接北京锻铸造产业转移，石家庄市行唐县着手承接北京家具产业转移，衡水市及其县域重点承接京津食品加工、纺织服装、商贸物流等产业。此外，在项目合作与投资方面，北京首农集团在石家庄新乐市、承德市滦平县等地建立和投资河北三元工业园、华都肉鸡产业扶贫项目等。与此同时，天津对河北省县域的产业转移以及项目投资也在逐步进行。沧州市所辖县域的盐区改造、金属冶炼与制造、塑料模具基地的设施建设都得到天津的大力协助，河北环津县域还建立产业园区，承接天津企业转移。

表3-13　河北省各地承接京津产业选择表

北京市和天津市转出行业	河北省承接地区
食品制造业	秦皇岛、廊坊、承德
黑色金属冶炼及压延加工业	唐山、邯郸、邢台
皮革、毛皮、羽毛及其制品业	石家庄、衡水
橡胶制品业	保定
文教体育用品制造业	廊坊
黑色金属矿采选业	承德
化学原料及化学制品制造业	沧州
塑料制品业	保定
纺织服装、服饰、鞋制品业	石家庄、邯郸、邢台
农副食品加工业	保定、衡水、张家口、承德
金属食品业	秦皇岛
饮料制造业	承德
造纸及纸制品业	保定

［资料来源：李然、马萌：《京津冀产业转移的行业选择及布局优化》，《经济问题》2016年1月，第124-129页。］

表3-14　河北省县域承接京津企业转移情况表

企业	转出地	河北省承接县域
北京新兴凌云医药化工有限公司	北京市	武安市（邯郸市）
北汽集团乘用车及相关配套零部件生产	北京市	黄骅市（沧州市）
首都钢铁股份有限公司第一线材厂	北京市	迁安市（唐山市）
北京内燃机总厂铸造车间	北京市	泊头市（沧州市）
北京第一机床厂铸造车间	北京市	高碑店市（保定市）
北京白菊公司洗衣机生产基地	北京市	霸州市（廊坊市）

续表

企 业	转出地	河北省承接县域
北京福田五十铃和皮卡配套厂	北京市	香河县（廊坊市）
北京丰台服装加工基地	北京市	固安县（廊坊市）
大红门批发市场	北京市	高碑店市（保定市）
华能新能源股份有限公司太阳能光伏发电项目	北京市	曲阳县（保定市）
北新建材集团新型建材项目	北京市	高碑店市（保定市）
新发地批发市场	北京市	高碑店市（保定市）
北京动物园服装批发市场	北京市	高碑店市（保定市）
京开五金建材批发市场	北京市	高碑店市（保定市）
天津老美华鞋业服饰有限责任公司高档布鞋生产线项目	天津市	顺平县（保定市）
曲阳县风光互补项目	天津市	曲阳县（保定市）
国际（保税）物流仓储产业园	天津市	高碑店市（保定市）
涞源北方民居主题公园	天津市	涞源县（保定市）

近年来，随着京津冀协同发展向纵深拓展，三地产业转移与承接不断升级与创新，河北省县域产业承接逐渐由传统产业向现代产业演进（见表3-14）。其一，在项目合作上，保定市及其所属县域与北京企业合作，以重点平台建设为载体，推进实施高端装备制造、生物医药、电子信息、休闲养老、旅游度假、节能环保等科技含量高、附加值高、带动作用强的项目，如安新县重点发展"休闲养老"产业；张家口市怀来县和北京延庆区共建"延怀河谷葡萄酒乡"；涿州市、新乐市、正定县、平山县、无极县、赞皇县、高邑县等多个县（市）与北京医院合作以引入北京优质医疗服务资源。其二，在产业园区（高新区、示范区）发展建设上，北京中关村与河北省多个县（市）合作建立产业园区［如中关村丰台园满城分园、中关村（涿州）新动力产业园等］，吸引北京高新技术企业落户，培育发展本地新型企业，重点发展新能源、新材料、生物制药、高端装备制造等

新兴产业；保定市与航天科技集团等央企完成满城航天乐凯新材料工业园等园区建设；廊坊市永清县与北京经济技术开发区、大兴区共建北京亦庄·永清高新区；北京市与河北省部分设区市（承德、张家口、唐山、廊坊、保定、沧州）及其所辖县域（兴隆、遵化、三河等）共建旅游协同发展示范区，发展当地旅游产业；廊坊市永清县、固安县以及保定涿州市部分区域被纳入北京新机场空港新区规划范围，发展金融服务、总部基地、商贸物流、高端商务等现代服务业和电子信息等高端制造业，承接北京优质要素。此外，河北省各地政府在部分县域搭建平台（如新兴产业示范区、高碑店国家建筑节能技术国际创新园、河北白洋淀科技城等），有针对性承接高端产业。其三，在承接具体企业转移上，河北省高碑店市成为承接北京批发物流的重点区域，利用原有商贸优势，建立设计研发、生产制造、市场商贸、仓储物流产业体系；廊坊市大厂回族自治县的微软游戏创新中心承接相关企业，初步为当地构建互联网创意产业新优势；张家口市张北县云计算产业集聚区承接相关企业。与此同时，河北省县域与天津市的项目合作、园区建设、企业转移与承接也在有序进行，廊坊市大城县与天津市南开区签署框架协议《南开区大城县协同发展框架协议》，在科技创新、教育、文化旅游、医疗卫生等领域加强对接；天津天士力控股集团有限公司在保定安国市投资建设安国数字中药都项目，创新中药材交易平台。

在上述产业转移与承接的基础上，为进一步加强转移承接平台的统筹规划建设，引导三地产业有序转移与精准承接，优化区域产业布局，打造优势产业集群，加快形成规模效应，保障产业承接的升级与创新，三地共同研究制定了《关于加强京津冀产业转移承接重点平台建设的意见》（以下简称《意见》）。《意见》坚持"优化布局、相对集中，统筹推进、联动发展，改革创新、集约生态，政府引导、市场主导"的原则，立足三省市功能和产业发展定位，构建和提升"2+4+N"产业合作格局。其中，"2"为北京的"两翼"，即北京城市副中心和河北雄安新区；"4"为四大战略合作功能区，即曹妃甸协同发展示范区、北京新机场临空经济区、天津滨海新区、张承生态功能区；"N"为一批高水平协同创新平台和专业化产业合作平台。河北省按照《意见》要求，结合本地发展实际，加强承接载体的统筹规划和布局，在各设区市及所辖县域建设夯实各类承接平台，引导企业向具有专业优势的平台集聚，重点吸引高端高新产业、教育、医疗、金融服务、研发设计、文化创意等现代服务业向雄安新区及周边布局，引导央企研发中心、运营中心、结算中心向中心城市周边平台转移，推动北京装备制造、石化、汽车等重化工业向沿海地区平台转移，争取北京高端制造业生产加工环节、制造业龙头企业向交通沿线城市和县域特色集群的平台疏解。与此同时，不断提升平台承接能力，优化承接环境，实现产业承接精准化、集聚化、专业化，促进产业承接与创新能力同步提升。

3.2.3 县域产业承接地集中于环京津区域

从前两部分分析可知，对于北京市和天津市的产业转移，河北省环京津县域成为主要的产业承接地。产业转移意味着企业重新选址，开始新的区位选择，承接地政府政策、生产成本、市场规模等均是产业转移时必须考虑的因素。河北省三河市、霸州市、香河县、大厂回族自治县、文安县、固安县、大城县、永清县、涿州市、高碑店市、涞水县、黄骅市、青县、滦平县、兴隆县、丰宁满族自治县、怀来县、涿鹿县、赤城县、遵化市和玉田县共21个县（市）（分别为廊坊市、保定市、沧州市、承德市、张家口市和唐山市所辖）在京津周边或附近，环聚京津，特殊的地缘优势以及基础设施的完备性使这些县域在经济、人口等诸多方面与京津两地有着密切的联系，技术信息传递迅速，在京津冀协同发展中成为产业承接的首选地。此外，政策推动、主体功能界定、与京津发展差距、县域发展优势等因素也决定着上述河北省环京津县域成为产业承接主要地区。

第一，受中央和地方各级政策推动的影响，河北省县域产业承接地集中于环京津区域。首先，在中央政策方面，2014年，习近平总书记针对京津冀协同发展提出"加快推进产业对接协作"等七点要求，实现优势互补、良性互动、共赢发展。2015年，《京津冀协同发展规划纲要》颁布，在空间布局中，中部核心功能区、东部滨海发展区、南部功能拓展区和西北部生态涵养区（简称"四区"）各自都有明确的空间范围和发展重点。其中，中部核心功能区中河北省环京津的保定市、廊坊市以及所辖县域重点承接北京市非首都功能的疏解。2017年，京津冀三地制定的《关于加强京津冀产业转移承接重点平台建设的意见》中，鼓励沿京津地区建设现代制造业承接平台，加快推进环首都承接地批发市场、环首都1小时鲜活农产品流通圈等一批服务业承接平台建设，推动三地农业对接协作；促进京津科技成果到河北孵化转化，在河北省环京津地区建设创新改革试验区、环首都现代农业科技示范带等一批科技创新平台。随着京津冀协同发展中"一核""两翼""三圈"城镇空间布局规划设计完成，河北省保定、廊坊、张家口、承德、沧州等环京津市县融入京津都市圈。2020年，我国"十四五"规划提出的"区域协调发展""完善新型城镇化战略"等目标，对河北省沿京津县域产业承接与发展提出了更高的要求。其次，在地方政策方面，河北省一直把京津冀区域一体化发展作为全省重大的发展战略，从早期实施"两环"战略（"环首都、环渤海"）到"对接京津"，再到"建设环首都绿色经济圈"，河北省沿京津县域在承接京津产业转移中居于重要地位。随着《中共河北省委、河北省人民政府关于推进新型城镇化的意见》（冀发〔2014〕6号）实施，各地打造环京津核心功能区，推动保定、廊坊等环京津地区及所辖县域着力提升非首都功能承接能力，环京津地区及所辖县域全面深化与京津对接，大力发展战略性新兴产业、现代服务业和现代农业，加快形成引领京津冀协同发展的核心区域。另外，环首都15县建设特色卫星城，推动大中小城市和小城镇协调发展。按照河北省"十三五"规划要求，环首都县域积极承接北京非首都功能，并大力发展旅游产业、建设现代农业科技示范带、建成"微中心"、加强重点承接平台建设、完善交通基础设施等。2016年，河北省以京津冀协同发展中"三区一基地"定位为基础，制定《河北省建设全国现代商贸物流重要基地规划（2016—2020）》，突出空间布局，打造商贸物流空间结构，其中环首都商贸物流产业聚集带建设成为其主要内容之一。2021年，河北省"十四五"规划，鼓励沿京津县域建设生态休闲农业示范带，以及重点抓好北京非首都功能疏解承接工作，打造与京津一体化发展先行区。此外，河北省构建环京津健康养老产业圈，着力打造绿色生态医疗健康和老年养护基地，甚至部分沿京津县域与北京合作，推动交通基础设施、公共服务和产业向其延伸布局。近年来，河北省政府工作报告更加明确提出"与京津合作做深做实做细""推动与京津产业对接协作"以及"健全空间规划体系，打造京津冀世界级城市群"等主要任务。由此可见，各级政府的重视与政策引导，为河北省沿京津县域实现有效的产业承接提供了良好的制度环境。

第二，河北省县域产业承接地集中于环京津区域，符合主体功能区规划要求。主体功能区建设，就是根据不同区域的资源环境承载能力、现有开发强度和发展潜力，统筹谋划人口分布、经济布局、国土利用和城镇化格局，确定不同区域的主体功能，并据此明确开发方向，完善开发政策，控制开发强度，规范开发秩序，逐步形成人口、经济、资源环境相协调的国土空间开发格局。推进形成主体功能区，是深入贯彻落实科学发展观的重大举措，有利于深化供给侧结构性改革，推进经济结构战略性调整，加快转变经济发展方式，改善目前区域发展中存在的盲目建设、空间利用效率低、公共服务不均等、区域发展不协调等问题。按照中央相关要求，河北省根据各地承载力、现有开发强度和未来发展潜力，将主体功能区分为优化开发区域、重点开发区域、限制开发区域、禁止开发区域四类。首先，在前述河北省沿京津21个县（市）中，黄骅市、青县、遵化市、三河市、霸州市、香河县、大厂回族自治县、固安县、永清县、涿州市、高碑店市和涞水县属于国家优化开发区，分别位于我国"两横三纵"城市战略格局中沿海纵轴的中北部、京哈纵轴南端以及京广纵轴北端，县域产业基础雄厚，经济比较发达，城市化水平较高，是京津高新技术成果转化基地、先进制造业基地和现代服务业基地。上述县域主体功能使其成为京津城市功能拓展和产业转移的主要承接地，首都新国际航空港城重要组成部分，京津科技成果转化基地、高新技术产品制造基地和先进装备制造业基地，着力发展和承接先进制造业、高新技术产业、战略性新兴产业和现代服务业。此外，上述地区还是河北战略性新兴产业示范基地和高新技术产业示范基地，休闲度假、健身康复、养老居住、观光农业、有机蔬菜供应和宜居生活区。其次，文安县、大城县和怀来县属于重点开发区域，分别位于黑龙港中北部地区和张承盆谷地区，县域工业化城镇化条件较好、特色产业发展较快、工业和服务业发展潜力较大，其主体功能为利用现有产业基础和旅游资源，重点承接和发展新能源、新材料、装备制造、休闲旅游、现代物流、矿产精深加工、都市型农业及农产品加工等产业。最后，丰宁满族自治县、滦平县、兴隆县、涿鹿县、赤城县和玉田县属于限制开发区域，其中，丰宁满族自治县、滦平县、兴隆县、涿鹿县和赤城县是国家重点生态功能区，玉田县是农产品主产区，其主体功能为国家农业生产重点建设区、农产品供给安全保障区、现代农业建设重点区、文化和生态旅游区，着力承接和发展绿色能源、特色农业、绿色农牧产品和生态产业等。

第三，京津冀三地及其交界县域的发展差距，为河北省沿京津县域承接京津产业转移提供可能。根据梯度转移理论，由于要素禀赋、区位优势等差异，区域产业转移和承接的路径通常呈现"墨渍式"或者"涓滴式"特点，即先有同一区域内落后地区对发达地区的产业承接，实现区域一体化发展，再有区域外部欠发达地区对本区域溢出产业的承接。和同为国家级区域的长江三角洲、珠江三角洲相比，京津冀区域一体化程度偏低，各地发展不平衡。通过分析比较2012年和2018年相关数据发现，现阶段京津冀三地在人均GDP、第二三产业占比、人均财政收入、规模以上工业企业平均利润这几个发展指标上差异明显，河北省尤显不足，均不及三地平均水平（见表3-15）。进一步分析，和相邻的北京市10个远郊区以及天津市5个远郊区相比，河北省沿京津21个县（市）发展整体落后（见表3-16），且个别相邻县域发展差距过大，如河北省大城县和涞水县分别与天津市静海区、北京市房山区相邻，两地的人均GDP相差3-4倍；河北省香河县与天津市武清区相邻，两地财政收入相差超过3倍；河北省大成回族自治县与天津市静海区毗邻，两地规模以上工业企业数差距达到6倍以上。因此，由于京津冀以及三地交界县域发展差距造成的区域发展塌陷和低谷以及与京津相邻的区位优势等因素，为河北省沿京津县域承接京津产业转移提供了条件与可能。

表3-15 京津冀发展水平比较表

指标	人均地区生产总值（元）		第二三产业所占比重		人均财政收入（元）		规模以上工业企业平均利润（万元）	
年份	2012	2018	2012	2018	2012	2018	2012	2018
北京市	93078	153095	99.22%	99.64%	15953	26396	3434	5299
天津市	65346	85757	98.36%	98.69%	12772	15229	3932	2844
河北省	31770	43108	87.37%	89.73%	2870	4732	2071	1480
平均	63398	93987	93.72%	95.40%	6680	10368	2771	2203

（资料来源：国家统计局）

表3-16 京津冀交界县域发展水平比较表

指标	人均地区生产总值（元）		第二三产业所占比重（%）		县均财政收入（亿元）		县均规模以上工业企业数（个）	
年份	2012	2018	2012	2018	2012	2018	2012	2018
北京市10个远郊区	43870	71906	96.0	97.57	36.46	65.19	223	197
天津市5个远郊区	52665	78003	93.4	95.90	32.75	56.72	343	312
河北省沿京津21个县（市）	34951	44991	85.7	85.32	9.51	18.70	81	89
平均	43829	64967	91.7	92.93	26.24	46.87	216	199

（数据来源：《北京统计年鉴2013、2019》《天津统计年鉴2013、2019》和《河北经济年鉴2013、2019》。北京市10个远郊区包括通州区、昌平区、顺义区、大兴区、怀柔区、门头沟区、平谷区、房山区、延庆区、密云区；天津市5个远郊区包括武清区、宝坻区、宁河区、静海区、蓟州区。）

此外，结合本书前述内容，河北省沿京津各县（市）具有显著的发展优势和坚实的发展基础，各地拥有特色产业集群以及主导发展产业，这为其承接京津产业转移提供了保证。

第4章
河北省县域产业承接的效果分析

京津冀协同发展背景下河北省县域产业承接的有效开展，其效果不仅体现在促进当地县域社会经济良性发展上，还体现在推动河北省功能定位的落实以及京津冀区域协同发展目标的实现上。本部分主要从三方面由远及近、由宏观到微观地分析河北省县域产业承接的效果。

4.1 从京津冀区域协同发展方面分析

河北省各地产业承接过程中，利用项目对接契机，搭建市场化合作平台，健全常态化对接机制，推进京津冀协同发展体制机制创新。京津冀协同发展战略实施以来，三地利用产业转移和承接，在产业升级改造、交通一体化、公共服务资源共建共享等方面不断取得突破，区域整体实力和竞争力明显增强。在区域协同发展方面，根据国家统计局、北京市统计局和中国社会科学院联合开展的京津冀区域发展指数课题研究成果，5年来京津冀协同发展指数持续平稳上升，2019年为167.72，比2018年提高7.59个点，其中共享发展和绿色发展表现尤为突出。在区域创新发展方面，北京大学首都发展院发布的《京津冀协同创新指数（2020）》显示，2013年至

2018年，京津冀区域创新指数从16.18增长到80.99，三地在协同创新方面都有不同程度的进步，其中河北省从7.81增长到19.88，此外三地在创新投入、科研合作、技术联系、跨区域产业活动以及创新环境方面表现突出，京津冀协同创新工作取得了显著成效。

与此同时，京津冀区域经济发展稳步提升，通过对近年来《河北经济年鉴》和国家统计局公布的相关数据进行分析，在经济规模方面，2019年京津冀三地地区生产总值达到8.5万亿元，约占全国的9%，人均地区生产总值超过10万元，远远高于全国70328元的平均水平。与2018年比较，上述两项指标增幅约为7%；与2014年相比，京津冀协同发展战略实施5年来，三地地区生产总值和人均地区生产总值增长均超过20%。在城镇化发展方面，2019年京津冀地区城镇人口达7543万人，城镇化率近70%，在2014年的基础上分别增长11.8%和12%。在居民生活方面，2019年京津冀三地全体居民人均可支配收入分别为67756元、42404元和25665元，自2014年以来年均增长率分别为8.77%、7.98%和9.04%，其中城镇居民人均可支配收入年均增幅超过全国平均水平。

河北省县域产业承接的有效开展与京津冀区域发展互为作用、相辅相成。京津冀区域经济发展不断提升，协同发展质量日益提高，创新发展动能加快转换，这既得益于区域产业转移的科学有序开展，从侧面间接反映了前一阶段河北省县域产业承接的效果，同时又为下一阶段河北省县域产业有效承接奠定了基础。

4.2 从河北省功能定位方面分析

根据《京津冀协同发展规划纲要》，河北省在区域发展中的功能定位为"全国现代商贸物流重要基地、产业转型升级试验区、新型城镇化与城乡统筹示范区、京津冀生态环境支撑区"（简称"三区一基地"），随后河北省相继制定了《河北省建设全国现代商贸物流重要基地规划（2016—2020年）》《河北省全国产业转型升级试验区规划（2016—2020年）》《河北省建设新型城镇化与城乡统筹示范区规划（2016—2020年）》和《河北省建设京津冀生态环境支撑区规划（2016—2020年）》等重要文件，依托县域产业承接，全面实现全省"三区一基地"的功能定位。此外，随着京津冀协同发展战略实施，河北省通过开展"三创四建"活动，提升公共服务水平，积极创新合作体制机制，努力营造良好的营商环境，全力保证北京非首都功能疏解和京津产业有效转移承接，5年来河北省共承接京津转入基本单位7200多个，其中产业活动单位5500多个。

4.2.1 产业承接推进河北省"全国现代商贸物流重要基地"建设

商贸物流业是京津冀协同发展的引领性、支撑性和战略性产业，加快其发展对促进产业转型升级、有效支撑京津冀产业协同创新发展，具有重要战略意义。京津冀协同发展战略实施以来，河北省按照《京津冀协同发展规划纲要》中的"全国现代商贸物流重要基地"这一功能定位，制定了《河北省建设全国现代商贸物流重要基地规划（2016—2020年）》，指明总体要求、发展目标、发展定位、重点项目等,并以各县(市)承接京津产业转移、积极服务北京非首都核心功能疏解作为突破口,建设全国现代商贸物流重要基地,落实区域功能定位。与此同时,河北省先后出台《快递业发展三年推进计划(2016—2018年)》《关于进一步推动物流降本增效促进实体经济发展的实施意见》《推进运输结构调整实施方案(2018—2020年)》等系列文件,保障该功能定位的顺利落实。

一方面,河北省各县(市)直接承接京津商贸物流及其相关产业,建设京津商贸物流转移承接地。针对北京市服装、小商品、农产品、家具、建材等区域性批发市场调整退出,河北省各地(尤其是环京津县域)根据自身特点积极稳妥有序承接。白沟新城(保定市高碑店市)、固安国际商贸城(廊坊市固安县)等作为商贸综合体承接京津大型商贸中心转移;永清临港经济保税商贸园区(廊坊市永清县)等重点承接北京服装批发市场转移;香河万通商贸物流城(廊坊市香河县)、燕郊国际贸易城(廊坊市三河市)等重点承接北京小商品批发市场转移;北京新发地高碑店农副产品物流园(保定市高碑店市)、滦平进京蔬菜生产基地暨农产品冷链物流中心(承德市滦平县)、嘉诚集团新集农副产品批发市场(秦皇岛市昌黎县)、围场远通蔬菜经销有限公司农产品冷链物流(承德市围场满族蒙古族自治县)等重点承接北京农产品批发市场转移;香河万通商贸物流城(廊坊市香河县)、大城建材批发市场(廊坊市大城县)等重点承接北京建材批发市场转移;庞口汽车农机配件城(保定市高阳县)等重点承接北京汽车配件批发市场转移。此外,安国中药都仓储物流商贸区(保定市安国市)、佳朋皮毛交易市场(秦皇岛市昌黎县)、高阳纺织商贸城(保定市高阳县)、裘皮新都商贸中心(保定市蠡县)也针对性承接北京相关产业转移。

另一方面,河北省各县(市)根据发展特点以及前期承接京津转移产业基础,建设与自身产业优势配套的商贸物流服务体系,与先进制造业、现代农业等高度融合,大力发展县域特色工业品和农产品物流,并加强与周边地区商贸物流的合作,提高区域一体化水平,服务全国以及"一带一路"建设,构建开放型商贸物流网络。第一,建设东西向大宗商品物流通道。唐山、秦皇岛、张家口和承德所属县域依托铁路、高速公路等基础设施构建京唐秦物流带,重点开展煤炭、有色金属等资源产品物流业务,并向西、向北延伸至相关省份或国家;沧州、衡水、石家庄、邢台和邯郸所属县域利用铁路和港口,构建石黄物流带,重点开展装备制造、石油化工、农产品、医药、新材料等专业物流,服务于我国与中亚国家的经济合作。第二,建设南北向综合物流通道。秦皇岛、唐山和沧州所属县域依靠黄骅港发展临港物流产业集群,构建沿海物流带,搭建北方内陆地区与21世纪海上丝绸之路互通桥梁;承德、廊坊、保定、石家庄、邢台和邯郸所属县域依托京承、京广铁路运输,打造装备制造业、大宗农产品、日用消费品等方面的商品集散地和专业物流,并向南连接我国中原经济区、长江经济带和珠三角经济区;廊坊、沧州和衡水所辖县域依托京九铁路和太行山高速,发展家具、丝网、皮草、羊绒、建材、工程橡胶等专业物流,向东连接山东半岛和长三角经济区。第三,建设国家级、区域级物流枢纽和专业化物流支点。河北省各县(市)依托承接产业、原有产业基础以及区位优势,重点建设县域物流中心(如正定县、迁安市、青龙满族自治县、肃宁县等县域省级物流产业聚集区,以及武安市保税物流中心),推动石家庄、唐山分别建成京津冀商贸物流基地西部和北部中心,秦皇岛、沧州和邯郸分别建成京津冀商贸物流基地北出口、东出口和南出口,并逐渐发展成具有全国影响力的商贸物流枢纽。廊坊、保定、张家口、承德、邢台和衡水通过建设永清县、高碑店市、安国市、邢台县等县域省级物流产业聚集区，发展成为影响京津晋蒙鲁等周边省份的区域性物流枢纽。此外，各县（市）依靠交通条件和京津产业转移，按照地区特色产业，发展成为箱包、服装、皮革、丝网、家具、羊绒、乐器、雕塑、文具、童车等专业化物流支点。

借助县域产业承接，河北省打造全国现代商贸物流重要基地初见成效，有效实现了《河北省建设全国现代商贸物流重要基地规划（2016—2020年）》中确定的发展目标。"一环、两通道、多节点"[①]的商贸物流空间布局基本形成，县域特色产业商贸物流基地向精细化、专业化发展，全省商贸物流业一体化、现代化水平得到提升，空港海港物流工程、大宗商品物流工程、制造业物流工程、农产品物流工程、传统商贸提升工程、电子商务物流工程、快递物流工程、多式联运工程、物流品牌化工程、绿色商贸物流工程等商贸物流重大工程得以实施。根据《中国物流年鉴（2015—2020）》，2019年河北省成功举办中国国际物流发展大会，积极与国内外广泛对接，达成合作意向的项目共有110个，总投资407.76亿元，涉及智慧物流信息平台、国际物流通道建设、冷链物流配送体系、多式联运配送体系、航空物流产业园等方面。截至2019年，河北省社会物流总额为7.49万亿元，同比增长6.7%，其主要构成包括农产品物流、工业品物流、进口货物物流、单位与居民物品物流、省外流入物品物流，其中，工业品物流、省外流入物品物流、单位与居民物品物流总额分别为4.12万亿元、2.44万亿元和0.22万亿元，分别占社会物流总额的55%、33%和3%。

---

① 根据《河北省建设全国现代商贸物流重要基地规划（2016—2020年）》，"一环"即环京津商贸物流圈，"两通道"即东西向大宗商品物流通道和南北向综合物流通道，"多节点"包括国家级物流枢纽、区域性物流枢纽和专业化物流支点。

在河北省GDP及服务业增加值中，物流业所占比重较高，2019年全省物流业增加值2659.8亿元，比2014年增长10%，物流业增加值占服务业增加值的比重为14.8%，占GDP的比重为7.6%。随着经济转型升级，结构调整速度加快，物流业降本增效明显，物流业成本进一步降低，2019年全省社会物流总费用为5575亿元，比上年减少5%，物流总费用占GDP比重从2014年的19.1%持续下降到2019年的15.9%。此外，物流业管理和服务水平明显提高，品牌效益进一步显现。截至2019年底，河北省共有110家物流企业达到了国家A级物流企业标准，其中5A级13家、4A级48家、3A级42家、2A级7家，"东部沿海——京津冀——西北"通道集装箱海铁公多式联运示范工程被评为"国家多式联运示范工程"，全省推进物流标准化工作取得明显成效。河北省目前已有石家庄市、衡水市、邯郸市、唐山市和秦皇岛市入选城市绿色货运配送示范工程创建城市名单，成为入围城市最多的省份之一。

4.2.2 产业承接推进河北省"产业转型升级试验区"建设

按照《京津冀协同发展规划纲要》中的"产业转型升级试验区"这一功能定位，京津冀三地制定《关于加强京津冀产业转移承接重点平台建设的意见》《河北省全国产业转型升级试验区规划（2016—2020年）》等文件，借助河北省县域产业承接推动全省"产业转型升级试验区"建设。河北省通过打造石家庄正定新区、白洋淀科技城、霸州经济开发区、清河经济开发区等县域协同创新平台，做大做强沧州市黄骅中欧产业园、保定市高碑店中德建筑节能产业园、保定市涞源白石山中美科技创新园等县域特色产业园，为产业集聚提供场所，发挥规模效应，并推动产业向专业化、高端化、品牌化和国际化方向发展。

京津冀协同发展战略实施以来，京津产业转移对河北省产业转型升级的影响路径主要包括两个方面。其一，产业承接直接推动承接地产业转型升级。河北省各县（市）通过承接京津高端产业转移，直接引进先进的技术、生产流程、管理经验、营销策略等，并通过企业雇佣和培训本地人员增加本地人力资本存量，以此提高技术装备水平和生产效率，直接增加本地高端企业的数量和比例，推动产业转型和优化升级。其二，产业承接间接推动承接地产业转型升级。河北省各县（市）通过产业承接建立本地主导产业，鉴于相关产业间广泛密切的技术经济联系，主导产业规模扩大的同时会带动地区上下游产业发展，在此过程中，移入企业的先进技术等要素在关联产业中溢出，推动产业升级。例如，随着汽车制造业的承接落地，相关零部件配套供应、钢铁、能源、化工等关联产业相继发展，同时移入的汽车制造企业在生产、管理、营销等方面的先进要素也随之进入关联企业中，提高整个产业层次。移入企业的先进要素不仅推动关联企业的优化升级，而且对承接地的其他产业发展发挥着示范效应，被其他企业所模仿、消化和吸收。因此，河北省县域通过产业承接不断吸纳京津产业转移，移入企业通过生产要素转移、区域资源利用、主导产业形成、产业关联带动、产业技术溢出等方式直接或间接推动河北省产业结构优化和转型升级，使全省产业发展由劳动密集型转向技术、资本密集型。因此，在县域产业承接的助力下，河北省落实产业转型升级试验区这一区域功能取得初步成果，主要体现在以下几方面。

第一，农业现代化水平提高，服务业对经济增长的贡献逐步提升。京津冀协同发展背景下，河北省以县域为主体积极进行产业承接，极大地改善了各地经济发展过程中长期面临的资金短缺、人才不足、技术落后等问题，最终推动全省经济发展。根据国家统计局数据，从2010年到2019年，河北省地区生产总值从18004亿元增加到34979亿元，年均增长速度近7%；十年间河北省人均地区生产总值从25308元增加到46182元，年均增长速度超过6%。从2013年到2019年（见图4-1），居民人均可支配收入从15190元增长到25665元，增幅达69%；城镇居民人均可支配收入从22227元增加到35738元，增幅达60.79%；农村居民人均可支配收入从9188元增加到15373元，增幅达67.32%，上述收入增幅超过京、津、蒙、辽、晋、豫、鲁等周边大部分省份。承接产业转移不仅促进经济发展，更重要的是以此调整河北省产业结构，使其更趋合理。世界发达国家或地区的三次产业结构逐渐从一产比重高、二三产业比重低演变为一二产业比重低、三产比重高，一般而言，第二、三产业比重均高于第一产业比重，其中第三产业比重最高，发达国家第三产业占比通常高于60%。十年间，全省地区生产总值、居民收入等经济总量不断增长，与此同时，服务业成为河北省县域承接京津产业转移的新热点，高碑店市白沟现代商贸物流基地、固安国际商贸城、永清国际服装城、高碑店首都食品创新示范区等成为全省县域承接京津商贸企业转移的重点；高碑店市白沟国际箱包城、三河市燕郊国际贸易城、香河京东电商综合产业园、玉田鸦鸿桥现代物流园等在承接京津产业转移的同时，建设商贸流通智慧化、网络化、国家化试点；高碑店市白沟和道国际、邢台市清河羊绒电子商务园区、邢台市沙河玻璃电子商务园区以及相关企业在承接京津产业转移的同时，扩大电子商务规模，提升生产经营水平；相关县（市）根据各自产业特色，和京津合作发展大健康新医疗、动漫、各类旅游等现代服务业。在上述背景下，劳动力、资本等要素在三种产业间的分配发生相应的变化，助推产业结构不断优化。根据国家统计局相关数据（见图4-2），2010年至2019年，河北省第一产业增加值从2563亿元增加到3518亿元，占比从12.57%下降到10.02%；第二产业增加值从10708亿元增加到13597亿元，占比从52.5%下降到38.73%；第三产业增加值从7124亿元增加到17989亿元，占比从34.93%增加到51.24%。由此，河北省提前完成《河北省全国产业转型升级试验区规划（2016—2020年）》中要求"到2020年，服务业增加值占生产总值的比重达到45%左右，到2025年服务业占比提高到50%以上"的改革目标，服务业成为全省经济增长的主要动力。此外，京津冀协同发展，三地科研机构合作创新，河北省现代农业建设进一步提质增效，通过打造涿州国家农业高新技术产业开发区、京张坝上蔬菜生产基地、京承农业合作生产基地等县域现代农业合作平台，实现环京津县域蔬菜产业生产的提档升级，加快安平县现代农业产业园等国家现代农业产业园建设，推进了阜平县、平山县等山区县域农业经济综合开发。

图4-1 河北省历年各类居民人均可支配收入变动图

（数据来源：国家统计局）

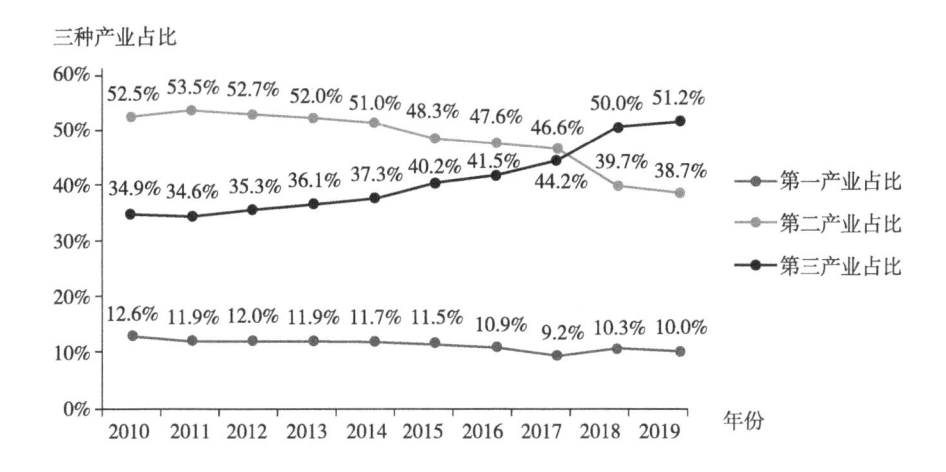

第4章 河北省县域产业承接的效果分析

图4-2 河北省历年三种产业占比变动图

（数据来源：历年《中国统计年鉴》）

第二，降低能耗，有效化解过剩产能。按照《京津冀产业转移指南》要求，京津冀三地的产业转移与承接应坚持创新、协调、绿色、开放、共享的发展理念，产业发展同培育产业集群竞争力、适应资源环境承载力相结合，与生态环境污染治理同时推进。河北省各县（市）在产业承接过程中，通过降低能耗、化解过剩产能等措施，持续减弱能源消费，倒逼全省产业布局不断调整优化。根据历年《河北经济年鉴》，河北省全行业单位GDP能耗从2010年的1.28吨标准煤/万元持续下降至2017年的0.89吨标准煤/万元，降幅超过30%（见图4-3），接近于全国单位GDP能耗降幅水平。特别是工业能耗方面，延续低位运行态势。根据《河北经济年鉴》，截至2017年底，全省单位工业增加值能耗同比下降5.7%，规模以上工业企业能耗同比下降2.5%，在全省39个工业行业中，近三分之二的行业能耗下降，其中煤炭、石油、化工和黑色金属行业能耗同比降幅为

10.4%、6.5%、3.6%和3.4%，均超过规模以上工业企业平均水平。上述资料表明，对原有以第二产业为支撑，尤其是钢铁、煤炭等重工业为主的河北省而言，节能成效明显。与此同时，河北省内丘、鸡泽、平山、沙河等县（市）以产业承接为契机，利用经济法律手段、市场机制、整合重组、布局优化、扩大国内市场需求、处置"僵尸企业"、国际产能合作等，通过淘汰、整合、消化、退出和转移等方式，对水泥、玻璃、焦炭等行业的过剩产能进行化解。如表4-1所示，截至2019年底，河北省焦炭、水泥和平板玻璃产能分别为4983万吨、10527万吨和16357万重量箱，与2011年产能比较，降幅分别为20.79%、27.57%和3.45%，水泥和平板玻璃产能分别控制在2亿吨和2亿重量箱以内，焦炭产能控制在6000万吨以内，全部提前完成《河北省全国产业转型升级试验区规划（2016—2020年）》中要求的压缩产能目标，此外，2019年农用化肥产能为187万吨，比2011年下降16.23%，正逐步有序退出市场。如图4-4所示，随着能耗降低和过剩产能缩减，2017年河北省化学需氧量、氨氮和二氧化硫排放量降低至48.7万吨、7.1万吨和60.2万吨，比2015年分别缩减60%、27%和46%，提前实现《河北省全国产业转型升级试验区规划（2016—2020年）》中"全省化学需氧量、氨氮、二氧化硫主要污染物排放量比2015年分别下降19%、20%、28%"的目标。另外，对氮氧化物的治理也按计划进行，2017年其排放量降至105.6万吨，与2015年相比，降幅达21.84%。

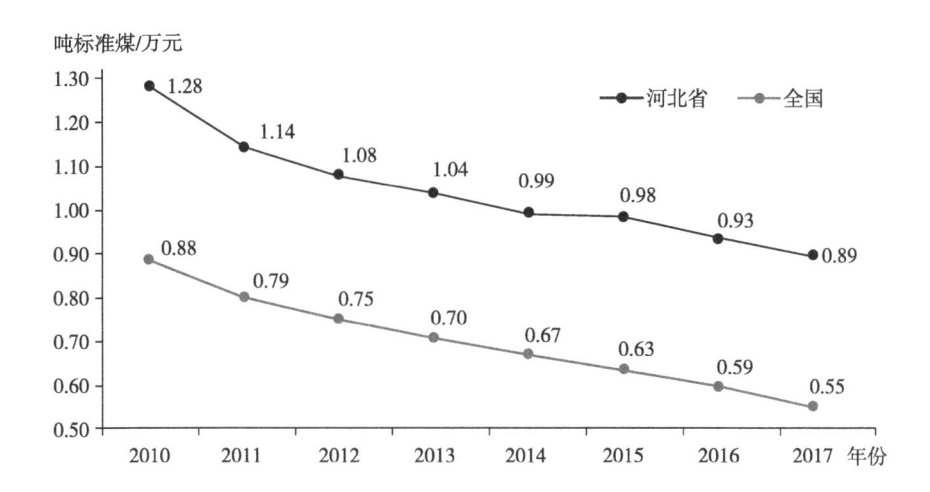

图4-3 全国和河北省历年单位GDP能耗变动图

（数据来源：历年《中国统计年鉴》和《河北经济年鉴》）

表4-1 河北省部分产业产能变化情况表

年份	焦炭（万吨）	农用化肥（万吨）	水泥（万吨）	平板玻璃（万重量箱）
2011	6290	223	14534	16942
2012	6701	185	13132	14898
2013	6396	218	12747	11836
2014	5614	203	10721	15845
2015	5481	216	9126	14615
2016	5312	227	9899	13694
2017	4814	240	9126	13780
2018	4747	200	9554	12156
2019	4983	187	10527	16357
增幅	-20.79%	-16.23%	-27.57%	-3.45%

（数据来源：历年《河北经济年鉴》）

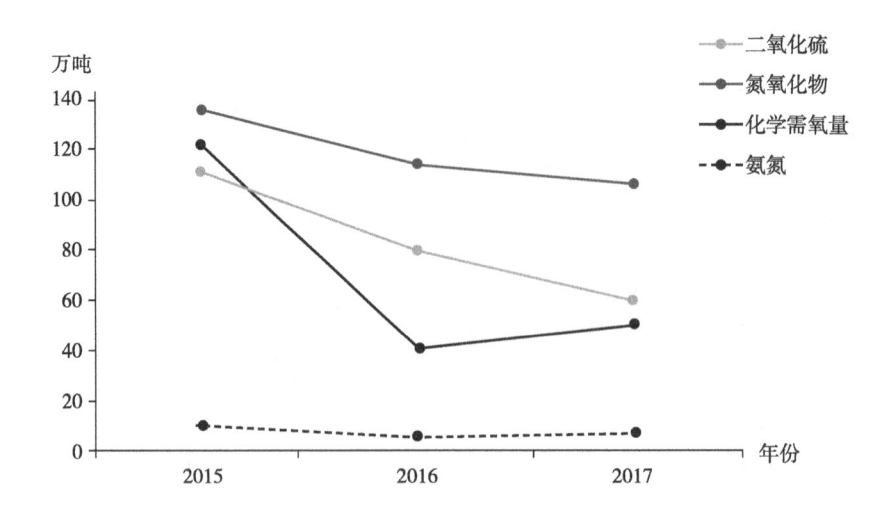

图4-4 河北省主要污染物排放量变动图

（数据来源：历年《河北经济年鉴》）

第三，改造提升传统优势产业，装备制造业成为支柱产业。京津冀协同发展背景下，河北省县域依托产业承接，根据地区产业特色，对原有钢铁、装备制造、石化、纺织服装、食品、建材等传统优势产业实施改造提升。在钢铁产业的转型升级方面，武安、迁西、玉田、迁安等县（市）在压缩产能的同时，通过优化布局、整合重组和技术改造，做强主业、做大衍生产业，实现产品品质提升和产业链条延伸。在装备制造业的改造提升方面，通过重点打造泊头数控机床和环保设备及汽车模具、盐山孟村管道装备、宁晋河间电线电缆、临西轴承、任县机械制造、平乡自行车、永年标准件、清河摩托车和汽车及零部件等县域装备产业集群，做大做强装备制造业基地，推进产业集群高端化；在拥有农用机械、专用车、工程机械、汽车及其零部件生产等产业集群的县域，提升整机装备规模水平和协作配套能力，延伸产业链；固安、武安、清河、涞水、大城等县（市），在航空专用设备、新能源汽车及零部件、轨道车辆、智能制造设备以及特色装备等产业发展中，通过增强企业自身研发水平，并积极引入国内先进研究成果，培育壮大高端装备制造业。在石化产业的改造提升方面，相关县（市）采取重点发展石油化工、延伸煤化工产业链条、有序发展盐化工、大力发展高附加值的精细化学品等措施，推进任丘石化基地、磁县煤化工产业园、宁晋盐化工园等建设，实现河北省整个石化产业的集约化、园区化和绿色化发展。在纺织服装业的改造提升方面，通过重点建设正定纺织服装基地、高阳纺织基地、宁晋织染服装基地、容城服装基地、肃宁裘皮服装基地、磁县雪驰童装城等县域产业基地及园区，发展高附加值终端纺织品、土工与建筑用纺织品、高性能纤维及复合材料以及医疗防护和交通工具产业用纺织品，加速产业转型和创新，实现产业差别化、品牌化和集约化发展。在食品产业的改造提升方面，隆尧、大名、昌黎、怀来、定兴、望都、滦平等县（市）结合区域资源禀赋和原有食品产业基础，完善食品安全监管，通过引入"互联网+"、生物工程技术等，提高当地企业水平，增强龙头企业的综合竞争力，在巩固提升粮油加工、酒类饮料、方便食品等传统产品市场优势的同时，研发高端食品，建设特色食品基地，打造知名品牌。在建材行业的改造提升方面，重点建设高碑店国家建筑节能产业园、徐水环保水性涂料基地、大成河间保温耐火建材基地、广平铝膜板基地、沙河玻璃基地等县域产业园和基地，提升建材产品质量档次和技术水平，构建适应需求、资源节约、环境友好的绿色建材产业体系。河北省相关县域通过对上述六大传统优势产业的改造提升，初步形成装备制造、钢铁、石化"三足鼎立"，纺织、食品、建材等多点支撑的工业结构，较好地实现了《河北省全国产业转型升级试验区规划（2016—2020年）》中的相关发展目标。根据历年《河北经济年鉴》，钢铁行业发展持续优化,行业增加值的年增速也从2018年开始由负转正,近三年分别为5.1%、5.3%和9.8%。农副食品加工行业和食品制造行业增加值的增速明显,平均年增速分别为5.9%和5.82%,均超过全部工业增加值的平均年增速。装备制造业表现尤为突出,近些年河北省装备制造业顺应智能化、高端化和服务化趋势,通过提升自主创新能力、发展高端智能装备、拓展延伸产业链条,正逐步实现由零部件加工配套为主向成套整机带动与零部件加工配套并重转型、由单纯的设备制造商向制造服务商转型以及由注重规模扩张向创新发展转型的"三个转型"。2017年,河北省装备制造业规模以上企业资产为11784.7亿元,占全省规模以上工业企业总资产的26.1%,且其增加值对规模以上工业的贡献率达到88.9%,贡献率居七大主导行业之首,装备制造业已经成为河北省工业第一支柱产业。进一步分析,2016年至今,河北省装备制造业核心竞争力明显增强,八个行业[①]规模以上企业增加值的年均增速为8.89%,远远超过全部工业增加值的平均年增速,且其中汽车制造业、仪器仪表制造业保持两位数增长。

第四,战略性新兴产业实现跨越式发展。新兴科技与新兴产业深度融合,以重大技术突破和重大发展需求为基础的战略性新兴产业应运而生,根据《河北省战略性新兴产业发展"十三五"规划》,河北省重点发展先进装备制造、新一代信息技术、生物、新材料、新能源、节能环保、新能源汽车和数字创意共八个战略性新兴产业,形成一批特色优势产业集群。在产业的转移与承接过程中,高水平技术通过技术转让、企业内部转移、企业模仿、企业间高素质人才流动等方式被承接地获取,较高技术

---

① 装备制造业包括金属制品业,通用设备制造业,专用设备制造业,汽车制造业,铁路、船舶、航空航天其他运输设备制造业,电气机械和器材制造业,计算机、通信和其他电子设备制造业,仪器仪表制造业共八个行业。

水平的生产能力替代了产业承接地原有的生产能力，从而产生技术优化效应，形成科技创新，推动战略性新兴产业发展。河北省各设区市及所辖县域结合地区产业基础和发展潜力，积极承接京津科技成果转化和高端产业转移，发展战略性新兴产业。此外，河北省坚持产业承接和创新能力提升相结合，通过集聚发展、辐射带动等方式，壮大国家级战略性新兴产业集聚区，建设省级战略性新兴产业示范基地，发展特色战略性新兴产业集群，其中包括以赵县、深泽、栾城等县域构成的石家庄国家生物产业基地，以三河、固安、大厂、香河等县域构成的廊坊国家信息及高技术服务产业基地，以张家口、承德等设区市及其所辖县域构成的京津冀大数据综合试验区，以保定及其所辖县域构成的新能源国家高技术产业基地。根据《河北省2019年国民经济和社会发展统计公报》，全省通过培育壮大战略性新兴产业，发展新动能加快成长。规模以上工业中，战略性新兴产业增加值比上年增长10.3%，快于规模以上工业4.7个百分点。高新技术产业增加值增长9.9%，占规模以上工业增加值的比重为19.5%，其中，环保领域增长26.6%，新能源领域增长16.5%，新材料领域增长12.8%，生物领域增长11.2%。规模以上服务业中，战略性新兴服务业营业收入比上年增长7.4%，高技术服务业营业收入增长9.2%。新产品产量快速增长，集成电路产量增长2倍，新能源汽车增长74.5%，液晶显示屏增长22.7%，工业自动调节仪表与控制系统增长30.4%。

综上所述，按照《河北省全国产业转型升级试验区规划（2016—2020年）》要求，河北省通过优化产业结构、降低能耗、提升传统优势产业、重点培育战略性新兴产业等举措，从县域产业承接实现产业联动，加强产业布局调整和产业链重构，逐步形成优势互补、分工协作、创新驱动、协调发展的产业新格局，落实京津冀协同发展中河北省"全国产业转型升级试验区"功能定位。全省各设区市所辖县域利用产业承接，结合区域发展实际，打造不同特点的战略功能区。保定市和廊坊市县域凭借环京津核心功能区的区位优势，结合原有汽车、新能源、电子信息等产业基础，发展成为高新技术带和科技成果转化示范区；秦皇岛市、唐山市和沧州市县域凭借沿海优势，结合原有钢铁、海洋工程装备、石化等产业基础，发展成为沿海临港产业带；石家庄市、邢台市、邯郸市和衡水市县域利用冀中南地理区位优势，结合原有生物医药、新材料、钢铁、纺织服装等产业基础，发展成为先进制造业产业带；张家口市和承德市县域充分发挥冀西北生态涵养区特色，重点发展新能源、特色农业和食品加工等产业，以及由互联网、大数据、体育文化旅游构成的现代服务业，建设绿色生态产业带。

4.2.3 产业承接推进河北省"新型城镇化与城乡统筹示范区"建设

一方面，新型城镇化与城乡统筹发展需要产业支撑。产业有效承接和可持续发展为区域带来新的发展机遇，注入新的发展活力，推动产业结构升级，并进一步吸引人口和要素向城镇聚集，城乡壁垒被逐渐破除，农业的规模效益和产业化程度提高，覆盖城乡的社会保障体系日趋完善，三大产业构成综合支撑体系，促进区域经济社会协调发展，逐步实现新型城镇化和城乡统筹发展。另一方面，县域成为新型城镇化和城乡统筹发展的重要载体。县域经济的发展就近吸纳转移农村富余劳动力，促进二、三产业加快发展，城镇规模效益进一步提高。因此，按照《京津冀协同发展规划纲要》中的"新型城镇化与城乡统筹示范区"这一功能定位，河北省制定《河北省建设新型城镇化与城乡统筹示范区规划（2016—2020年）》等文件，面对京津产业转移，全省依托县域产业承接，建设产业集聚区和专业园区，通过产业集聚实现人口集聚，完成农村劳动力就近就业转移，加快产城融合、城乡融合，各县（市）联合区域中心城市组团发展，以此推动全省"新型城镇化与城乡统筹示范区"落实。本书根据《河北省建设新型城镇化与城乡统筹示范区规划（2016—2020年）》中涉及的新型城镇化和城乡统筹的主要评价指标，从总体水平、基本公共服务、基础设施与资源环境三方面，分析县域产业承接推进河北省"新型城镇化与城乡统筹示范区"建设情况。

第一，在总体水平方面，河北省城镇化水平持续提高。城镇聚集人口的能力不断增强，结合国家统计局和河北统计局的相关数据，2011年到2019年，全省城镇常住人口从3302万人增加到4374万人，城镇化率从45.6%提升到57.61%（见图4-5），年均提高2.9%，高于全国同期年均2%的增长幅度，户籍人口城镇化率也从2015年的36.3%持续增加到2019年的43.5%。城镇规模结构不断优化，截至2019年末，市辖区人口200万以上的设区市发展到4个，100万—200万人口的设区市发展为3个，50万—100万人口的设区市发展为4个，特色小城镇培育初见成效，逐渐成为创新创业的新载体和新平台。城乡居民生活明显改善，如图4-6所示，截至2020年末，城镇居民人均可支配收入为37286元，农村居民人均可支配收入为16467元，分别是2011年的2.1倍和2.4倍，城镇居民和农村居民的收入差距逐渐缩小，两者人均可支配收入比值从2011年的2.6下降到2020年的2.3。

图4-5 河北省历年常住人口城镇化率变动图

（数据来源：河北省统计局）

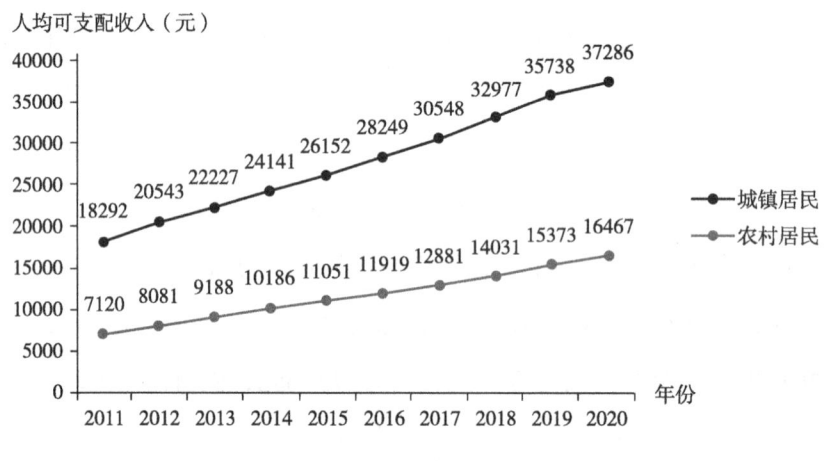

图4-6 河北省历年人均可支配收入变动图

（数据来源：河北省统计局）

第二，城乡基本公共服务水平稳步提升。在养老保障方面（见图4-7），2015年至2019年，城镇职工养老保险参加人数从1320万人增加到1655万人，城乡居民社会养老保险参保人数从3440万人增加到3524万人。

在医疗保障方面，2015年至2019年，城镇职工基本医疗保险参保人数从957万人增加到1079万人，城镇居民基本医疗保险参保人数从707万人增加到5859万人。在工伤保险方面，2019年全省农民工参加人数达到327万人，是2015年的1.5倍。此外，新增就业、保障性安居工程也进一步完善，全省基本公共服务覆盖面和城乡基本公共服务均等化稳步提升。

图4-7 河北省历年养老保险参保人数变动图

（数据来源：河北省统计局）

第三，基础设施与资源环境明显改善。京津冀协同发展以来，河北省为了更有效地承接和发展京津转移产业，在基础设施和资源环境方面努力缩小与京津差距，生产方式和生活方式绿色低碳水平上升，空气质量明显好转。2019年，全省城市供水和燃气普及率近100%，基本实现全覆盖，建成区绿化覆盖率达到42.3%，可吸入颗粒物PM2.5浓度降至50.2微克/立方米，较2013年下降53%。

根据上述三方面分析，《河北省建设新型城镇化与城乡统筹示范区规划（2016—2020年）》中的主要目标如期甚至提前完成，全省人居环境明显改观，城镇承载功能显著提高，城乡可持续发展能力持续增强，这为吸引京津产业转移、产业顺利落地以及后续可持续发展提供了良好环境。

4.2.4 产业承接推进河北省"京津冀生态环境支撑区"建设

产业承接不等于生态环境失衡，生态环境维护与产业发展并不矛盾，这需要各地把低碳、绿色、环保、节能的发展理念融入产业承接过程中，处理好生态环保与产业发展的关系，把生态环保放在产业承接的优先战略位置，并且健全优化相关评价体系、执法体系和配套政策体系，形成以产业承接促进生态环境保护，以生态环境保护推动产业发展的长效机制，实现可持续发展。按照《京津冀协同发展规划纲要》中的"京津冀生态环境支撑区"这一功能定位，河北省在原有《京津冀协同发展生态环境保护规划》《河北省主体功能区规划》《河北省生态功能区划》等文件基础上，制定《河北省建设京津冀生态环境支撑区规划（2016—2020年）》，按照规划要求，河北省通过对接京津产业转移和承接需求，科学确定重点产业发展布局、结构和规模，大力推进节能降耗、产业结构调整，并根据河北省主体功能区规划，实行"负面清单"管理，严守生态环境红线、排污总量底线、环境准入门槛，把低碳、绿色、环保、节能的发展理念融入承接产业转移过程中。本书根据《河北省建设京津冀生态环境支撑区规划（2016—2020年）》中涉及的生态环境发展主要评价指标和相关要求，从全省资源能源、生态环境、生态功能分区三方面，分析县域产业承接推进河北省"京津冀生态环境支撑区"建设情况。

第一，资源能源节约利用。近些年河北省按照"五位一体"的发展要求，在承接京津产业转移及后续发展中，通过改革创新，推进资源节约和综合利用，严守资源消耗上线，生态环境支撑区建设初见成效。在耕地资源方面，根据《河北省国土资源"十三五"规划》，截至2020年底，全省耕地保有量不低于605.33万公顷。在水资源方面，国家统计局公布的相关数据显示，近十年以来，河北省用水总量从196亿立方米减少到182.3亿立方米（见图4-8），总体呈现下降趋势，提前实现《河北省建设京津冀生态环境支撑区规划（2016—2020年）》中"2020年全省用水总量降至220亿立方米"的目标，并且万元工业增加值用水量也从2011年的28吨持续下降至2019年的17吨，降幅达39.3%。此外，河北省全行业单位GDP能耗2017年也降至0.89吨标准煤/万元，接近全国平均水平。

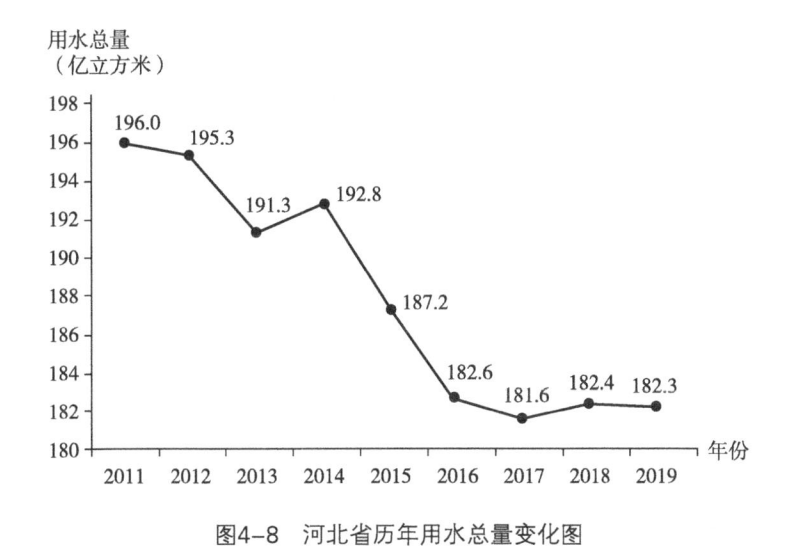

图4-8 河北省历年用水总量变化图

（数据来源：国家统计局）

第二，生态建设与环境保护有效开展。河北省把生态环境保护作为京津冀协同发展的重要突破口之一，正确对待产业承接发展与生态环境保护的关系，坚持在发展中保护、在保护中发展，推动区域可持续发展。国家统计局、河北省生态环境厅等部门公布的相关数据显示（见图4-9），2011年至2019年，全省生活垃圾无害化处理率从72.6%提升至99.4%，人均公园绿地面积也从14.26平方米增加到14.29平方米；2015年至2019年，全省可吸入颗粒物PM2.5浓度从77微克/立方米持续降至50微克/立方米；2017年全省化学需氧量、氨氮、氮氧化物和二氧化硫排放量也分别缩减至48.7万吨、7.1万吨、105.6万吨和60.2万吨。根据上述分析可知，河北省已提前超额完成《河北省建设京津冀生态环境支撑区规划（2016—2020年）》中的部分相关目标。此外，全省森林覆盖率、森林蓄积量、城市污水日处理能力也分别从2011年的23.4%、1.08亿立方米、526.8万立方米增加到2019年的26.8%、1.37亿立方米、663.9万立方米。

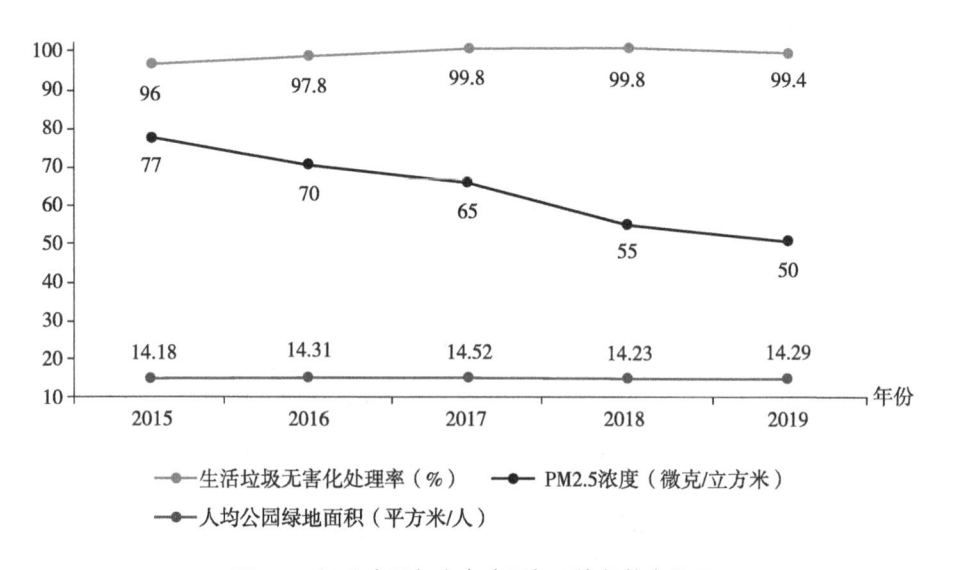

图4-9 河北省历年生态建设与环境保护变化图

（数据来源：国家统计局、河北省生态环境厅）

第三，生态功能分区合理划定与可持续发展。河北省综合考虑自然资源、经济条件、社会发展、生态环境、主体功能等因素，以县（市、区）为基本单元，构建"一核、四区、多廊、多心"生态安全格局（见表4-2）。"一核"为京津保中心区生态过渡带，主要包括廊坊市、保定市和沧州市所辖的33个县（市、区），地处华北平原北部、北京南侧和天津西侧。该地区功能是为京津城市发展提供生态空间保障和宜居环境，通过减少耕地规模和增加生态用地比重，构建环首都生态圈。"四区"分别为坝上高原生态防护区、燕山—太行山生态涵养区、低平原生态修复区、海岸海域生态防护区，其中，坝上高原生态防护区主要包括张家口市、承德市的6个县，主要功能是防风固沙和涵养水源，恢复草地、林地、湖淖湿地；燕山—太行山生态涵养区主要包括张家口市、承德市、唐山市、秦皇岛市、保定市、石家庄市、邢台市、邯郸市的65个县（市、区），地处燕山和太行山山地，主要功能是涵养水源、保持水土和生态休闲；低平原生态修复区主要包括石家庄市、沧州市、衡水市、邢台市和邯郸市的77个县（市、区），地处华北平原中部，主要功能是构建京南生态屏障、保护农田生态、涵养水源和发展宜居环境；海岸海域生态防护区主要包括唐山市、秦皇岛市和沧州市的11个县（市、区），地处河北省沿海地带，主要功能是提供海洋生态服务、保障海洋生态安全。

表4-2　河北省生态环境保护与建设分区表

生态功能分区	市	县（市、区）
京津保中心区生态过渡带	保定市	莲池区、竞秀区、涿州市、定州市、安国市、高碑店市、清苑区、徐水区（平原部分）、满城区（平原部分）、定兴县、容城县、望都县、安新县、蠡县、博野县、顺平县（平原部分）、唐县（平原部分）、曲阳县（平原部分）、高阳县、雄县、涞水县（平原部分）、易县（平原部分）
	廊坊市	安次区、广阳区、固安县、永清县、香河县、大城县、文安县、大厂回族自治县、霸州市、三河市
	沧州市	任丘市
坝上高原生态防护区	张家口市	张北县、康保县、沽源县、尚义县（高原部分）
	承德市	丰宁满族自治县（高原部分）、围场满族蒙古族自治县（高原部分）

续表

生态功能分区	市	县（市、区）
燕山—太行山生态涵养区	张家口市	桥东区、桥西区、宣化区、下花园区、蔚县、阳原县、怀安县、万全区、怀来县、涿鹿县、赤城县、崇礼区、尚义县（山区部分）
	承德市	双桥区、双滦区、鹰手营子矿区、承德县、兴隆县、平泉市、滦平县、隆化县、宽城满族自治县、丰宁满族自治县（山区部分）、围场满族蒙古族自治县（山区部分）
	秦皇岛市	青龙满族自治县、卢龙县、山海关区（山区部分）、抚宁区（山区部分）、昌黎县（山区部分）
	唐山市	路南区、路北区、古冶区、开平区、迁西县、玉田县、遵化市、迁安市、滦州市、丰润区
	保定市	满城区（山区部分）、易县（山区部分）、涞水县（山区部分）、涞源县、唐县（山区部分）、阜平县、曲阳县（山区部分）、顺平县（山区部分）
	石家庄市	井陉矿区、井陉县、行唐县（山区部分）、灵寿县（山区部分）、赞皇县、平山县、鹿泉区（山区部分）、元氏县（山区部分）
	邢台市	邢台县（山区部分）、临城县（山区部分）、内丘县（山区部分）、沙河市（山区部分）
	邯郸市	峰峰矿区、涉县、武安市、邯郸县（山区部分）、永年区（山区部分）、磁县（山区部分）
低平原生态修复区	石家庄市	长安区、桥西区、新华区、裕华区、正定县、栾城区、高邑县、深泽县、无极县、元氏县（平原部分）、赵县、辛集市、藁城区、晋州市、新乐市、鹿泉区（平原部分）、行唐县（平原部分）、灵寿县（平原部分）
	邢台市	桥东区、桥西区、柏乡县、隆尧县、任县、南和县、宁晋县、巨鹿县、新河县、广宗县、平乡县、威县、清河县、临西县、南宫市、邢台县（平原部分）、临城县（平原部分）、内丘县（平原部分）、沙河市（平原部分）
	邯郸市	邯山区、丛台区、复兴区、临漳县、成安县、大名县、磁县（平原部分）、肥乡区、永年区（平原部分）、邱县、鸡泽县、广平县、馆陶县、魏县、曲周县
	沧州市	新华区、运河区、沧县、青县、东光县、盐山县、肃宁县、南皮县、吴桥县、献县、孟村回族自治县、泊头市、河间市
	衡水市	桃城区、枣强县、武邑县、武强县、饶阳县、安平县、故城县、景县、阜城县、冀州区、深州市

续表

生态功能分区	市	县（市、区）
海岸海域生态防护区	秦皇岛市	北戴河区、海港区、山海关区（平原部分）、抚宁区（平原部分）、昌黎县（平原部分）
	唐山市	丰南区、曹妃甸区、滦南县、乐亭县
	沧州市	黄骅市、海兴县

[（资料来源：《河北省建设京津冀生态环境支撑区规划（2016—2020年）》（冀政发〔2016〕8号）]

根据上述分析，河北省依托产业承接，把生态环境建设融入经济社会发展全过程，以加快转变经济发展方式为主线，着力促进环境改善和生态修复，全面提高区域生态环境承载力水平，协调推进经济发展和生态环境建设。

4.3　从县域发展成效方面分析

京津产业转移为河北省各县（市）带来产业发展机遇和新的经济要素，促进产业结构升级和产业集聚，各地依托自身区位优势、产业基础和市场要素等资源，积极开展特色鲜明的产业承接，促进当地县域社会经济良性发展。

4.3.1　县域经济持续稳定

根据《河北经济年鉴》，京津冀协同发展以来，河北省县均地区生产总值从2013年的144亿元大跨步提高至2018年的608亿元。经济的持续稳定推动居民生活水平的不断提高，河北省农村人均可支配收入近年来呈现稳定上升状态（见图4-10），从2013年的8352元增加至2018年的13714元，年均增幅10.4%，超过同时期全省9.1%的增长水平。与此同时，经济的持续稳定也保证财政收入的较快增长（见图4-11），2013年至2018年，河北省县域平均公共预算收入从63308万元增至111752万元，年增速超过11%，高于同期全省9%的增长水平。

图4-10 历年全省与农村人均可支配收入对比图

（资料来源：《河北经济年鉴2014—2019》）

图4-11 河北省历年县均一般公共预算收入变化图

（资料来源：《河北经济年鉴2014—2019》）

4.3.2 县域医疗卫生和教育事业不断发展

产业发展需要配套服务建设，公共服务对支撑地方产业经济和社会发展有着重大的现实意义。河北省各县（市）在承接京津产业转移的同时，注重强化地区医疗卫生、教育等公共服务，实现区域产业发展与公共服务配套的无缝对接，促进各要素一体发展。根据《河北经济年鉴》，京津冀协同发展以来，2013年至2018年，河北省县域医疗卫生和教育事业快速发展（见图4-12），县均普通中学专任教师数、医疗机构床位数分别以3%和8%的年均速度增长。其中，普通中学专任教师数从1437人增加到1700人，在2017年至2018年增长速度最快，同比增长率达到6%和7%；医疗卫生机构床位数从1294张增加到1957张，在2016年至2017年增长速度最快，同比增长率均超过10%。

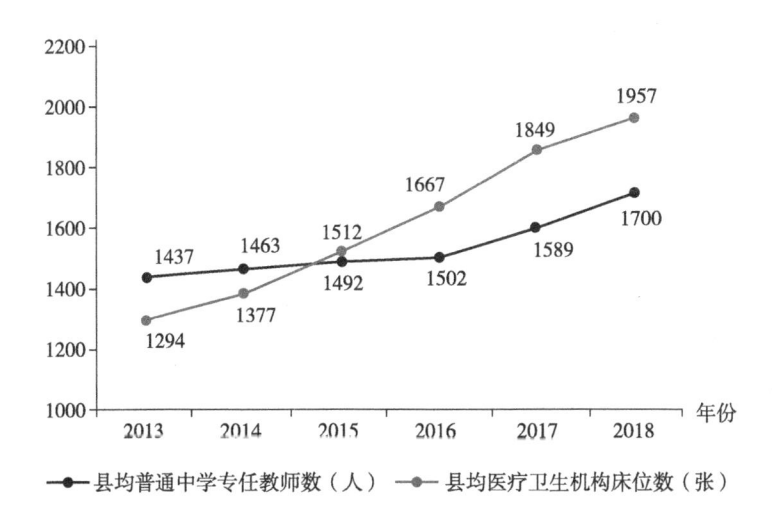

图4-12 河北省历年县均医疗卫生和教育事业发展图

（资料来源：《河北经济年鉴2014—2019》）

4.3.3 县域特色发展不断提升

京津冀协同发展以来，河北省各县（市）结合京津产业转移，纷纷立足自身产业特点、区位优势、发展基础等县域特色，通过基础设施建设、政策推动等措施，创新优化营商环境。首先，根据《河北经济年鉴》，2013年至2018年，河北省县均公路总里程数从1243公里持续增长至1386公里，区域交通的便利，促进相邻县域的组团发展和带状发展，更有利于吸引京津企业落地发展。目前，河北省部分县（市）结合相关发展带规划，依托公路、铁路建设，增强聚集作用（见表4-3）；部分县（市）以设区市为核心，积极参与区域组团发展，成为各个都市区的重要组成部分（见表4-4）。其次，河北省沿京津部分县域，[①]在错位承接京津产业转移过程中，发挥区域比较优势，促进区域协调发展，建设各具特色、服务首都的功能性卫星城市。最后，各县（市）利用京津冀协同发展，对下辖乡镇因地制宜、突出重点、彰显特色，有重点地培育工业型、旅游型、商贸型、交通型、历史文化型特色小城镇，经济发达镇加快向现代新型小城市迈进（见表4-5）。

表4-3 河北省五大发展带涉及县域表

发展带	铁路、公路	涉及县域
京石邯城镇发展带	京港澳高速公路、京广铁路	涿州市、高碑店市、新乐市、元氏县、临城县、武安市等。
京唐秦城镇发展带	京哈高速公路	三河市、香河县、大厂回民自治县、迁安市、卢龙县等。

---

① 主要包括廊坊市（三河市、大厂回族自治县、香河县、固安县、永清县）、保定市（涿州市、涞水县、高碑店市）、张家口市（涿鹿县、怀来县、赤城县）和承德市（丰宁满族自治县、滦平县、兴隆县、承德县）。

续表

发展带	铁路、公路	涉及县域
沿海城镇发展带	沿海、津汕高速公路	黄骅市、海兴县等。
石衡沧城镇发展带	石黄高速公路	晋州市、深州市、武强县、献县、泊头市、沧县等。
京衡城镇发展带	京九铁路、大广高速公路	霸州市、固安县、任丘市、高阳县、肃宁县、饶阳县、枣强县、威县、邱县、曲周县、大名县等。

表4-4 河北省都市区涉及县域表

都市区	主要涉及县域
石家庄都市区	鹿泉区、藁城区、栾城区、正定县、井陉县
唐山都市区	丰润区、曹妃甸区
保定都市区	安新县
邯郸都市区	永年区、肥乡区、磁县、成安县、临漳县
张家口都市区	万全区、崇礼区
承德都市区	承德县、滦平县
廊坊都市区	固安县、永清县
秦皇岛都市区	昌黎县
沧州都市区	黄骅市、沧县、青县
邢台都市区	沙河市、邢台县、任县、南和县、内丘县
衡水都市区	冀州区、武邑县、枣强县

表4-5 河北省特色小城镇建设中的经济发达镇

市域	特色城镇
石家庄市	井陉县天长镇、无极县张段固镇
承德市	平泉县卧龙镇、宽城满族自治县峪耳崖镇
张家口市	怀安县左卫镇
秦皇岛市	昌黎县靖安镇
唐山市	玉田县鸦鸿桥镇、迁西县三屯营镇
廊坊市	三河市燕郊镇、霸州市胜芳镇
保定市	涿州市松林桥镇、定兴县固城镇、定州市

续表

市域	特色城镇
沧州市	肃宁县尚村镇、泊头市交河镇
衡水市	枣强县大营镇
邢台市	隆尧县莲子镇镇、巨鹿县西郭城镇、任县邢家湾镇、平乡县河古庙镇
邯郸市	武安市磁山镇、曲周县河南疃镇
定州市	李亲顾镇
辛集市	位伯镇

由此可见，京津冀协同发展以来，北京市和天津市产业的迁入促进了河北省县域经济持续稳定，公共服务配套建设日益完善，特色发展和协调发展不断推进，县域综合实力逐步提升。然而，上述成效同县域可持续发展目标相比，仍存在较大差距。因此，本书后续章节继续以京津冀协同发展下县域产业承接为背景，从发展的、动态的视角，由远及近，从宏观到微观，对河北省全省营商环境以及河北省县域的投资环境、县域产业承接能力、生态承载力约束下的县域产业承接绩效进行综合的评价分析与政策优化，实现产业精准、错位、有序承接，为县域创新发展、绿色发展和高质量发展构筑有力支撑。

第5章
河北省营商环境分析及政策优化研究

营商环境是指市场主体在准入、生产经营、退出等过程中涉及的政务环境、市场环境、法治环境、人文环境等有关外部因素和条件的总和。2019年，世界银行发布《2020年营商环境报告》（Doing business 2020），我国全球营商便利度上升至31位，且连续两年跻身全球优化营商环境改善幅度最大的十大经济体。为持续深化"放管服"改革，优化营商环境，更大激发市场活力，增强发展内生动力，国务院办公厅发布《关于进一步优化营商环境更好服务市场主体的实施意见》，各地通过打造透明高效的政务环境、有序竞争的市场环境、亲商爱商的政策环境、公平竞争的法制环境、合作共赢的开放环境等，优化营商环境。

营商环境是一个涉及社会、经济、政治、法律等多项要素领域的系统工程，既是竞争力又是生产力。营商环境是区域长期的、全局的大环境，是区域经济软实力的重要体现，也是区域提高综合竞争力的重要方面。区域营商环境的优劣直接影响着招商引资的多寡，同时也直接影响着区域内的经营企业。因此，京津冀协同发展过程中，良好的营商环境能提升地区投资环境，增强地区产业承接能力，吸引更多的资本投资与产业转移，促进产业的顺利落地和健康发展，是提升产业承接绩效与区域发展水平的重要手段。

5.1 现阶段河北省营商环境建设分析

民营经济是我国社会主义市场经济的重要组成部分，是支撑国民经济高速增长的主要力量，对经济发展和社会稳定起着举足轻重的促进作用，构建良好的民营经济发展环境、助力民营经济高质量发展，成为各地推进营商环境建设的重要内容。因此，本部分通过分析民营经济发展情况，阐明现阶段我国各地营商环境建设现状。

首先，全国民营经济发展区域不均衡。近年来，政府及相关部门相继印发文件，支持民营企业发展壮大，激发民营经济活力。根据国家统计局数据，2011年至今，民营企业数量不断增加，民营企业固定资产投资占比持续增长。然而，在我国民营经济快速发展的背后，却存在区域分布不均衡、地区差异显著等问题，东部和中部在民营企业数量及投资等方面都要高于西部和东北，进一步对中国民营企业500强（2020）数据分析发现，东部民营企业在入围数量和营收方面远远高于其他地区（见表5-1）。与此同时，省域民营经济发展水平也存在明显差异。

表5-1 中国民营企业100强分布表

省份	入围企业数量（个）	营业收入（亿元）
北京市	7	15275
天津市	1	793
河北省	10	10214
山东省	6	7517
江苏省	16	30789

续表

省份	入围企业数量（个）	营业收入（亿元）
上海市	4	4447
浙江省	19	26426
福建省	3	4195
广东省	16	40846
黑龙江省	1	810
辽宁省	2	2628
内蒙古自治区	1	902
湖北省	2	1963
湖南省	2	1654
江西省	2	1664
陕西省	2	2382
新疆维吾尔自治区	1	1983
四川省	2	2431
重庆市	3	4195

（数据来源：《2020中国民营企业500强》）

河北省是民营经济大省，而且在承接京津产业转移过程中，民营企业是主体，因此，民营经济发展是河北省实现经济创新发展的突破口，在社会发展各方面发挥着不可替代的作用。虽然民营经济发展高于全国平均水平，但省内11个设区市民营经济发展也存在不均衡性。根据河北统计局数据，民营经济总量占全省产总值近70%，甚至2019年入围全国民营企业500强数量增幅第一，民营经济实现新发展。但是，河北省内11个设区市民营经济发展差异明显，从入围我国500强的河北省民营企业分布分析，唐山市、邯郸市和石家庄市具有绝对优势（见表5-2）。由此可见，在全省民营经济持续增长的背景下，营商环境是导致地区发展水平差异的主要原因。

表5-2 河北省入围500强民营企业分布表

设区市	入围企业数量（个）
邯郸市	12
唐山市	6
石家庄市	5
廊坊市	3
保定市	2
邢台市	2
沧州	1
秦皇岛	1

（数据来源：《2020中国民营企业500强》）

5.2 营商环境影响因素分析

现有研究成果表明，营商环境的影响因素是多元的和复杂的，本书以国内外现有研究成果为基础，结合产业承接和民营企业发展特点，通过鉴别、筛选与整合，得到如下影响因素。

5.2.1 经济发展环境

稳定的宏观经济发展环境是吸引投资、实现产业成功落地和可持续发展的重要因素。在结合现有文献研究的基础上，本书认为稳定的宏观经济发展环境包括三方面，即高经济发展水平、高经济自由度和高经济开放度。

区域经济发展水平是宏观经济发展环境的重要构成，影响着投资者对项目未来前景的预期（Sharma，2012；王雨飞等，2020）。以基础设施投资为例，根据世界银行2018年PPI投资分析报告，低收入国家基础设施PPP项目投资额远远低于中高收入国家。同样，中国民营经济发展现状也表明，在民营企业数量、营业收入、涉及的产业结构等方面，经济发达省份都普遍高于其他欠发达地区。学者们也分别采用GDP、人均GDP或GDP增速等指标，有针对性地分析了经济发展水平对基础设施PPP项目发展的促进作用（张大海、祝志川，2019；彭迪云等，2019）。

经济自由度是商品、资本和劳动力不受强制和限制，自由流动的状态。经济自由度是促进区域宏观经济发展的重要因素（陈继勇、陈大波，2017），并有助于实现投资主体、渠道和方式的多样化（姜安印，2015）。各部委也出台相关政策鼓励各类社会资本，尤其是民营企业投资各类项目。近些年，学者们开始验证和分析以私营企业发展为代表的经济自由度以及由此形成的市场竞争度与营商环境的关系（张松，2017；于文超、梁平汉，2019；吕鹏、刘学，2020）。

经济开放度表示区域经济融入国际经济和对国际经济的依存程度，主要为国内外投资创造公平的投资环境（吕志鹏等，2015），对宏观经济发展具有稳定的促进作用（李颖，2016）。各部委在相关政策文件中要求"去除不合理门槛""禁止排斥、限制或歧视民间资本的行为""创造平等竞争机会"，鼓励和支持各类资本参与投资，这些目标的实现需要区域高经济开放度促成。

基于上述分析，本书分别利用人均GDP、私营企业就业人数占地区人口比重、私营企业固定资产投资额占全社会固定资产投资比重、货物进出口总额占GDP比重四个指标，从经济发展水平、经济自由度和经济开放度三方面反映经济发展环境。

5.2.2 要素市场发展环境

要素市场是指金融资本、劳动力、技术成果等生产要素在交换和流通过程中形成的市场。区域要素市场的良性发展能帮助企业提升自主创新能力（张杰等，2011）、降低效率损失（罗德明，2019）、矫正投资和生产行为（何小钢，2015）、实现合理的投资回报率（张车伟，2019），是营商环境的重要组成部分。鉴于此，本书从金融业的市场化、人力资源供应条件、技术成果市场化三方面反映要素市场发展环境。

5.2.3 中介组织发育与法治环境

近年来，各类市场主体的快速发展，与之相伴随的是，服务其发展的各类市场中介组织大幅增加，如律师事务所、会计师事务所、行业协会、咨询机构等。专业化的中介组织在市场主体进入、生产经营、退出等各阶段发挥着重要作用，对促进项目规范运作效果明显（宋林霖、何成祥，2018）。然而，当前相关社会中介组织良莠不齐，部分组织缺乏服务意识、专业意识和合规意识，导致在项目运行过程中，出现服务能力不足、恶意低价抢标等现象，严重影响包括产业转移在内的各类企业的落地和进一步发展（何冰、刘钧霆，2018）。为此，国务院召开专项会议，通过促进公平竞争，推进政府项目招投标市场化改革，规范中介服务，加大信贷中增加企业融资成本"潜规则"的查处力度，优化营商环境。

此外，市场主体在运行过程中，投资规模大、相关利益主体多、法律关系复杂，在合同执行等方面面临诸多问题，这需要良好的法治环境提供全面的法治规范和制度保障。学者们分别从法律执行力、法律体系成熟度等方面分析法治环境对优化营商环境的作用（刘云亮，2021；朱晓喆、马强，2021），我国各级政府部门也相继颁布了相关政策法规，通过完善法治环境为打造营商环境提供有效指导、约束和保护。

因此，本书从市场中介组织的发育、维护市场的法治环境、知识产权保护三方面反映中介组织发育与法治环境。

5.2.4 政府服务环境

全面深化改革和优化营商环境，就是要转变政府职能，推进"放管服"改革，以政府权力瘦身的"减法"换取行政效能提升的"加法"，政府在其中发挥着"四两拨千斤"的杠杆作用，政府服务环境优劣影响着各类投资主体对当地政府的初始信任。通过分析现有成果，并结合我国发展实际，本书认为营商环境中的政府服务环境由政府财力、政府执行力两方面构成。首先，政府的直接创新补贴和间接财政支出对企业的创新产出均存在积极影响（熊凯军，2020），因此应充分发挥财政的作用改善营商环境（顾雪芹等，2020）。其次，投资主体对政府的初始信任还源于政府执行力，具体包括政务基本信息公开程度和政府办事效率。地方政府的信息公开能吸引更多的资本投资，且地方政府效率会强化营商环境（吴义爽、柏林，2021）。因此，各地政府要进一步营造稳定、透明、公平的制度环境，为政府效率提升与营商环境优化提供制度保障，加速政府角色和职能转变，构建亲清新型政商关系，持续深化"放管服"改革，同步改进政府效率与营商环境（唐天伟，2021）。

根据上述分析，本书从政府自有财力（财政缺口额/GDP）、政府执行力两方面反映政府服务环境，其中，政府执行力具体由政务基本信息公开程度和政府办事效率构成。

5.2.5 现有基础设施建设环境

优化营商环境是一项系统性改革，既要从宏观经济、要素市场、中介组织与法治环境、政府服务等软环境上着手突破，又要从基础设施建设等硬环境方面持续改善（孙群力、陈海林，2020）。现有基础设施建设环境反映地区已有基础设施发展水平，包括人均公路里程、已有基础设施项目落地率两方面指标。人均公路里程从某一侧面反映当地基础设施的完善程度，能为企业各项建设提供更优质的服务。此外，已有基础设施项目落地率反映在建项目情况，增强企业对当地未来发展的预期，这既能吸引新企业落地发展，又能增强已有企业发展信心，鼓励企业做大做强。

5.3 营商环境评价指标体系的构建

营商环境构成的复杂性说明要有针对性地分析主要影响因素，准确、科学、严谨地找出评价指标。基于此，本书采用文献分析法，归纳总结区域营商环境的决定因素，结合实地调研成果，围绕企业在市场准入、融资、转型、参与项目建设等方面遇到的问题以及原有改革政策落实效果，从经济发展环境、要素市场发展环境、中介组织发育与法治环境、政府服务环境、现有基础设施建设环境五个维度构建评价指标体系（见表5-3）。

表5-3 营商环境评价指标体系

一级指标	二级指标
经济发展环境	人均GDP(X1)、私营企业就业人数占比(X2)、私营企业固定资产投资额占比(X3)、货物进出口额占比(X4)

续表

一级指标	二级指标
要素市场发展环境	要素市场的发育程度指数(X5，由金融业的市场化、人力资源供应条件和技术成果市场化构成)
中介组织发育与法治环境	市场中介组织的发育和法治环境指数(X6，由市场中介组织的发育、维护市场的法治环境和知识产权保护构成)
政府服务环境	政府自有财力(X7，财政缺口额/GDP)、政府执行力(X8，由政务基本信息公开程度和政府办事效率构成)
现有基础设施建设环境	人均公路里程(X9)、基础设施项目落地率(X10)

鉴于数据的可得性和完整性，本部分将利用我国31个省份2016年的相关数据进行实证分析，样本不包括台湾省、香港特别行政区和澳门特别行政区。表5-3中，各个指标数据来源于《中国统计年鉴》、《中国分省份市场化指数报告》（王小鲁、樊纲、胡李鹏，2019）、《中国地方政府效率研究报告》（北京师范大学政府管理研究院、江西师范大学管理决策评价研究中心，2016）、各省统计年鉴和财政部政府和社会资本合作中心，这保证了数据的客观性与权威性。其中，要素市场发育程度指数、市场中介组织的发育和法治环境指数及其具体构成，都来自《中国分省份市场化指数报告（2018）》中2016年数据；各地政府执行力水平得分及其具体构成来自《中国地方政府效率研究报告》中2016年的相关数据；基础设施项目落地率根据财政部政府和社会资本合作中心项目管理库中经济性基础设施的相关数据计算得出；[①] 其他指标涉及的相关数据来自2017年《中国统计年鉴》和各省统计年鉴，其中，地方政府自有财力指标数据进行正向标准化处理。

---

① 根据世界银行《为发展提供基础设施》中的分类（World Bank，1994），基础设施分为经济性基础设施和社会性基础设施。经济性基础设施包括长期使用的工程构筑、设备、设施及其为经济生产和家庭所提供的服务，具体包括公共设施、公共工程、其他交通部门等类型。社会性基础设施则主要包含教育和卫生保健。本书主要研究经济性基础设施，涉及能源、交通运输、水利建设、生态建设和环境保护、市政工程等领域。

5.4 河北省营商环境评价分析

5.4.1 评价过程

指标数据的检验结果显示（见表5-4），KMO值为0.819，显著性水平 $\alpha=0.000$，说明所选指标之间存在高度相关性，适合运用主成分法进行因子分析。根据初始特征值和碎石图（表5-5、图5-1），提取前3个因子，其累计方差贡献率达到84.85%，能较好地反映原始变量绝大部分信息。

表5-4 KMO和Bartlett检验

Kaiser-Meyer-Olkin Measure of Sampling Adequacy.		.819
Bartlett's Test of Sphericity	Approx. Chi-Square	275.691
	df	45
	Sig.	.000

表5-5 特征值与累计方差贡献率

Component	Initial Eigenvalues			Rotation Sums of Squared Loadings		
	Total	% of Variance	Cumulative %	Total	% of Variance	Cumulative %
1	5.253	52.528	52.528	4.678	46.776	46.776
2	2.299	22.991	75.519	1.941	19.142	65.918
3	.933	9.330	84.849	1.893	18.931	84.849
4	.517	5.170	90.019			
5	.385	3.864	93.883			
6	.224	2.243	96.127			
7	.142	1.425	97.551			
8	.128	1.279	98.831			

续表

Component	Initial Eigenvalues			Rotation Sums of Squared Loadings		
	Total	% of Variance	Cumulative %	Total	% of Variance	Cumulative %
9	.088	.885	99.715			
10	.028	.285	100.000			

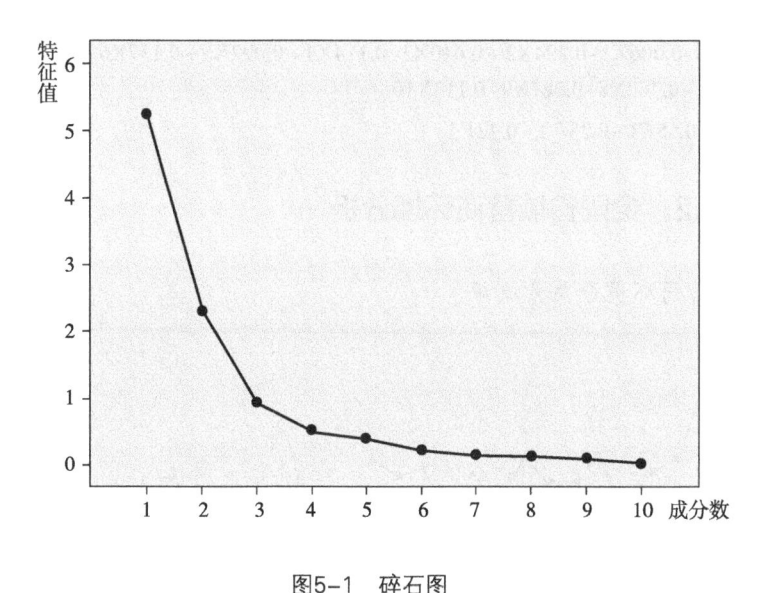

图5-1 碎石图

公因子1在变量X1、X2、X4、X5、X6上有较大载荷，这些变量是区域营商环境的重要构成，综合反映了区域市场发育完善度和成熟度对投资方的吸引，可命名为影响区域营商环境发展的"市场吸引能力因子"。公因子2在变量X8、X10上有较大载荷，反映了当前地方政府在营商环境建设方面取得的成就和治理水平，可命名为影响区域营商环境的"制度保障能力因子"。公因子3在变量X3、X7、X9上有较大载荷，综合反映了社会资源对未来资本落地及进一步发展的支持，可命名为影响区域营商环境的"社会支持能力因子"。

根据因子得分系数矩阵，构建以下各因子得分和总得分函数，以此得出各省（市、自治区）营商环境中市场吸引力因子、社会支持能力因子和制度保障因子的得分及排名，并最终得到省域营商环境的综合得分及排名。

$$F1 = 0.217X1 + 0.213X2 - 0.081X4 + 0.218X4 + 0.176X5 + 0.199X6 + 0.016X7 \\ - 0.141X8 - 0.22X9 + 0.43X10$$

$$F2 = -0.093X1 + 0.042X2 - 0.267X3 - 0.003X4 - 0.056X5 - 0.144X6 + 0.172X7 \\ + 0.653X8 - 0.140X9 + 0.401X10$$

$$F3 = -0.006X1 - 0.224X2 + 0.640X3 - 0.114X4 + 0.097X5 + 0.137X6 + 0.251X7 \\ - 0.262X8 - 0.267X9 - 0.113X10$$

$$F = 0.55F1 + 0.23F2 + 0.22F3$$

5.4.2 全国省域营商环境分析

1. 营商环境分要素测评

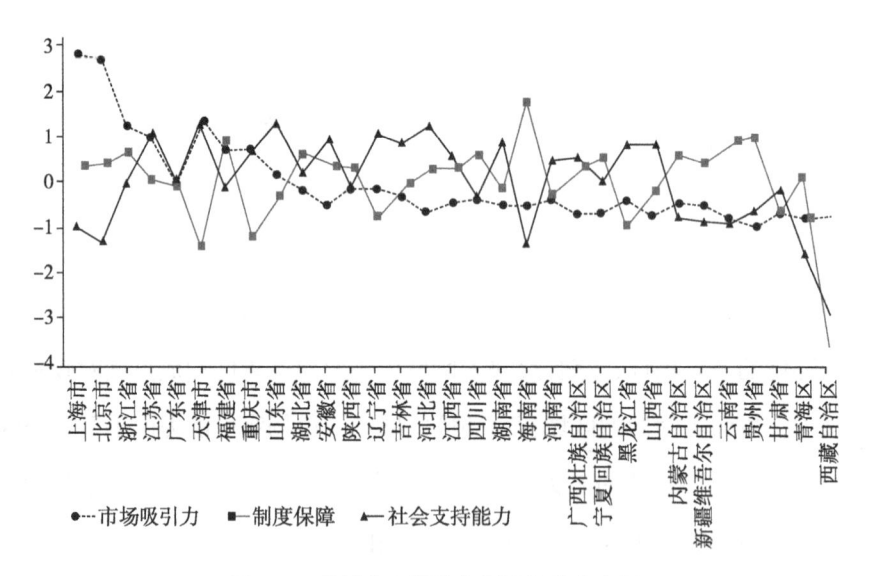

图5-2 省域营商环境各因子得分分布图

对图5-2进行分析，整体上影响省域营商环境的三个主要因素得分均偏低，大多数地区低于平均水平。其中，各地在制度保障能力因子上的得分最高，有20个省（市、自治区）得分高于平均水平；各地在市场吸引能力因子上的得分最低，仅有9个省（市）得分高于平均水平。值得注意的是，通过分析各地在三个因子上的得分情况，并结合各因子排名前10位和后10位的地区，发现各省（市、自治区）在营商环境三大要素上的发展呈现不平衡的特点，具体表现如下。

在市场吸引能力方面，东部省份得分更高，西部省份得分更低，且各地在市场吸引能力上的得分排名，与这些地区在人均GDP、要素市场发展环境、中介组织发育与法治环境等指标上的表现基本一致，这说明省域经济实力、生产要素市场培育、市场中介组织发展与法治环境建设，是吸引各类市场主体的重要决策参考。

在制度保障能力方面，西部区域表现最好，而东北区域表现最差，该要素的地区差异最为显著。各地在制度保障上的得分排名，与这些地区在政府执行力指标上的表现基本一致，这说明地方政府信息公开和高效运行为企业顺利落地和发展提供服务保障。

在社会支持能力方面，东北各地表现更好，西部区域表现较差，各地在社会支持能力上的得分排名，与这些地区在私营企业固定资产投资额占比指标上的表现基本一致，这说明当地私营经济发展规模与实力是企业可持续发展的重要支撑。

2. 营商环境综合分析

通过回归分析测算可知（见表5-6），省域营商环境得分最高是上海市（1.4）和北京市（1.26），远远高于其他地区，西藏自治区（-1.91）得分最低，并且大部分省（市、自治区）得分在平均水平以下，这说明我国省域营商环境整体不理想，急需进一步优化。在高于平均水平的11个省份中，东部区域占8个，中部和西部区域仅占2个和1个，中、西部区域中的大部分以及东北三省的营商环境全部处于平均线以下，此排名顺序与各地

129

经济表现基本一致。

表5-6 省域基础设施PPP发展环境综合评价表

区域	省份	综合得分	平均数	离散度	区域	省份	综合得分	平均数	离散度
东部	上海市	1.403	0.63	0.52	西部	重庆市	0.276	−0.44	0.54
	北京市	1.264				陕西省	−0.026		
	浙江省	0.841				四川省	−0.111		
东部	江苏省	0.784	0.63	0.52	西部	广西壮族自治区	−0.227	−0.44	0.54
	广东省	0.732				宁夏回族自治区	−0.248		
	天津市	0.669				内蒙古自治区	−0.316		
	福建省	0.619				新疆维吾尔自治区	−0.404		
	山东省	0.238				云南省	−0.491		
	河北省	−0.072				贵州省	−0.500		
	海南省	−0.183				甘肃省	−0.557		
中部	湖北省	0.066	−0.11	0.13		青海省	−0.801		
	安徽省	0.005				西藏自治区	−1.910		
	江西省	−0.095			东北	辽宁省	−0.034	−0.12	0.13
	湖南省	−0.122				吉林省	−0.034		
	河南省	−0.191				黑龙江省	−0.265		
	山西省	−0.309							

根据综合评价得分，把各地分为优（排名1-10）、良（排名11-20）、差（排名21-31）三部分，在此基础上，结合各要素测评结果，发现省域营商环境在空间分布上呈现以下特点。

第一，营商环境由东部向西部依次递减（呈现东强西弱的阶梯状分布）。我国东部、中部、东北以及西部四大区域综合得分分别为0.63、−0.11、−0.12和−0.44。东部各省（市）营商环境都是优和良等级，其中80%的省份为优。中部各省营商环境得分在优、良、差三部分都有分布，其中近70%为良好。东北三省中，辽宁省和吉林省营商环境较好，属于良好水平。西部各省（市、自治区）营商环境整体不理想，仅有重庆市等级为优，陕西省和四川省等级为良。以上特点与我国改革开放以来实施的东部沿海地区优先发展战略有关，东部地区由于在对外开放改革、私营经济发展、金融体制改革等方面得到政策支持，并且具备区位优势和历史发展优势，所以一直是我国四大区域中营商服务意识最强的地区，也是吸纳各种资本投资最多的地区，这些有利条件也推动着当地营商环境的继续改善和优化。

第二，各区域内，省域营商环境表现各异。通过分析四大区域内各省（市、自治区）的综合得分分布情况，离散程度从小到大分别为中部和东北区域、东部区域、西部区域。中部区域各省发展水平较均衡，在市场吸引力、社会支持能力和制度保障上表现较一致，因此在营造营商环境时表现比较集中。西部区域各地的差异最显著，可能的原因是，西部大开发战略的持续推进，国家加大对西部投资力度，东西部产业转移与承接加速，西部各省（市、自治区）加快深化营商环境改革，从推动惠企政策落地、减轻企业税费负担、引导政商亲清交往等方面采取务实举措为企业发展排忧解难。但是在该背景下，西部各地在市场发展基础、政府服务能力、原有基础设施建设等方面参差不齐，导致其在三大要素上的发展差异明显，继而造成该地区省域营商环境的差异程度远远高于其他区域。

5.4.3 河北省营商环境分析

根据表5-6的分析结果，河北省营商环境综合得分-0.07，在我国省域排名中居第15位，这不仅远远低于东部省份0.63的平均水平，而且低于全国平均水平。其中，市场吸引能力、制度保障能力、社会支持能力三个主要因子的得分为-0.69、0.24和1.14，分别位于第24、第16和第3，和我国大部分省份比较，离散程度较大。进一步结合各设区市相关数据（见表5-7），通过综合分析，从各市民营企业发展现状的角度反映河北省市域营商环境建设状况。

表5-7 河北省各设区市民营经济发展情况表

设区市	民营经济增加值（亿元）	营业收入（亿元）	利润总额（亿元）	设区市	民营经济增加值（亿元）	营业收入（亿元）	利润总额（亿元）
唐山	4490	17733	1220	张家口	844	3039	238
秦皇岛	1006	4116	206	承德	955	3757	237
石家庄	3759	17964	1263	廊坊	2097	7826	560
衡水	1080	4323	365	保定	2140	11882	775
邢台	1393	7612	622	沧州	2578	11608	1067
邯郸	2216	12598	1073				

（资料来源：河北省统计局2017年数据）

首先，上规模民营企业行业分布过度集中。近年来入围中国民营企业500强的河北省企业过度集中在黑色金属冶炼和压延加工业，无论在数量还是营业收入方面，占比超过60%。其次，各地民营企业发展不均衡，这与当地营商环境差异大有关。例如，在民营经济增加值、民营企业营业收入和利润总额三个指标上，各市存在5-6倍的差距。最后，各地发展存在显著的区域性特点。以河北省"两翼三圈"的城镇空间布局为背景，分析近年来入围全国500强的我省民营企业微观情况和各市民营企业发展宏观数据，冀中南都市圈民营企业发展总体情况较好，冀东北都市圈离散程度较大，环京津地区整体情况较差。

5.5 河北省营商环境优化政策建议

以上实证分析结论表明，河北省营商环境整体不理想，市场吸引能力、制度保障能力、社会支持能力三大影响因素发展不均衡，且省内市域发展环境差异显著。因此，河北省各地在优化营商环境时，应对三大因素固强补弱，尤其是打造良好的民营经济发展环境，推动民营企业持续健康和高质量发展，实现民营经济大省到民营经济强省的转变，最终为各类市场主体的健康可持续发展奠定基础。

5.5.1 重点增强地区市场吸引能力

在营商环境的三个影响因子中，市场吸引能力的因子贡献率达到55%，远远高于社会支持能力和制度保障能力贡献率的总和，涉及的31个省份市场吸引能力因子排名也与最终的营商环境排名基本一致，说明市场吸引能力是各地优化营商环境的决定因素，所以，应把增强地区市场吸引能力作为改善营商环境的重点。河北省在该因子上得分偏低（-0.69）、排名落后（第24位），因此在优化营商环境时，更需加速提高市场吸引能力。

进一步分析，根据该因子指标构成，河北省相关部门在增强市场吸引能力时，应把发展经济实力、培育生产要素市场、优化市场中介组织发展与法治环境建设三方面放在首位。在发展经济实力方面，主要通过加强国际交流与合作、减少政府干预等措施以增强经济开放性和自由度；在培育生产要素市场方面，主要通过金融业的市场化改革、增加专业人才供应、加速科技成果转化等措施提高生产要素市场发育程度；在优化市场中介组织发展与法治环境建设方面，主要通过加强相关律师、会计师、行业协会等优秀专业中介组织建设，以及健全相关法律法规政策等措施，规范市场主体发展。

5.5.2 提升地区制度保障能力

在营商环境的三个影响因子中，制度保障能力因子贡献率达到23%，各地在该因子上整体表现最好，但差异也最显著，在全国31个省份中，河北省在该因子上的得分（0.24）和排名（第16位）居于中位，应大幅度提升。

从制度保障能力的指标构成分析，由政务基本信息公开程度和政府办事效率两方面构成的政府执行力指标在其中居于重要地位。河北省营商环境尚需优化，改革开放、"放管服"改革尚需加强，行政效率和质量亟待提高，民营经济发展还有不少"隐形壁垒"。鉴于此，政府及相关部门应落实《优化营商环境条例》《关于营造更好发展环境支持民营企业改革发展的意见》等文件精神，通过完善信息公开机制，实现政务公开工作常态化、渠道多元化、内容精细化，并缩短电子政务网上受理时间，提高政府运行效率和透明度，增强省级政府政策执行力和治理绩效，为各类经济发展提供有力制度保障。

5.5.3 巩固和加强地区社会支持能力

社会支持能力因子对优化营商环境的贡献率达到22%，河北省在该因子上的得分（1.14）和排名（第3位）较好，这主要得益于河北省在该因子下的私营企业固定资产投资额占比和政府自有财力两项指标上得分较高。政府财力与民营经济发展相互作用，民营企业是政府财力的主要贡献者，税收占比超过50%，政府财力的提高有利于涉企政策的落地。因此，河北省在后续改善营商环境上，应继续保持优势，并可考虑从两方面巩固和加强市场发展的社会支持能力。

一方面，应通过降低准入门槛、加强技术创新、推动产业转型升级等，扩大企业发展规模，增强发展实力，打造有特色、有优势、有竞争力的企业阵列，为企业良性发展提供重要支撑。另一方面，政府结合财力情况，按照法治化、市场化方式，重点支持省内产业龙头企业、骨干企业、战略性新兴产业企业等渡过难关，积极帮助企业纾困，并大力支持企业创新发展，实现企业发展与政府财力的良性循环。

5.5.4 增强民营企业实力，实现区域均衡发展

民营经济是河北省经济的半壁江山，民营企业发展与营商环境建设相互促进，营商环境的优化为民营企业的发展奠定基础，而民营企业的高质量发展又助推营商环境改革深化。河北省在民营企业数量、投资占比等方面居于全国前列，然而省内市域差异显著，各地应针对民营企业发展实际，采取差异化、针对性措施增强地区民营企业综合实力，实现区域均衡发展。环京津各市应更加注重民营企业整体实力提升，通过承接北京非首都功能疏解项目、积极对接天津产业发展、借助雄安新区发展机遇等，增加区域民营经济总量。冀东北和冀中南都市圈各市大型民营企业过度集中于黑色金属冶炼和压延加工业、房地产业等相关行业，经营范围过于单一，且各地民营企业发展参差不齐，因此上述地区应注重引导民营企业多元化发展，拓宽企业投资领域，尽快形成新增长点，降低经营风险，并鼓励地区骨干企业做大做强，带动其他地区民企发展。

第6章
河北省县域投资环境分析及政策优化研究

投资环境是伴随投资活动整个过程的各种周围境况和条件的总和，包括影响投资活动的各种要素。投资环境同政府治理环境、法治建设环境等，共同构成营商环境（熊凯军，2020）。由此可见，投资环境是营商环境的重要组成部分，与作为全局大环境的营商环境比较，投资环境针对性描述了特定地区吸引外来资本投资的各种要素总和，是吸引产业转移的关键。

产业承接和区域发展离不开好的投资环境，只有营造公正、公平、开放和富有吸引力的投资环境，才能吸引外来资金流入和产业转入。因此，良好的投资环境是产业承接赖以生存的宏观环境，是产业承接能力提升的基础、前提和保证，并对产业承接绩效产生重要影响，当地政府通过政策推动，改善和优化投资环境，以此提升产业承接能力，实现产业有效承接，促进区域不断发展。由此可见，优化县域投资环境是实现有效产业承接的第一步，从宏观层面、动态视角对河北省县域产业承接进行探讨，即是对产业承接早期阶段县域投资环境进行评价分析。[1]

---

[1] 京津冀区域发展开始于20世纪80年代，历经区域合作发起阶段（1981—2003年）、建设京津冀都市圈阶段（2004—2013年）和京津冀协同发展阶段（2014年至今）三个阶段，从第三阶段开始京津产业密集向河北转移。因此，本书认为河北省县域承接京津产业转移的早期阶段，为2014年以前的京津冀区域发展时期。

河北省在全面优化县域投资环境时，应结合各地现状，明确"县域投资环境受哪些因素影响？各地投资环境如何？各地如何利用比较优势，有针对性地打造、发展和提升特色投资环境？"等问题，这有利于河北省县域提高投资效率，有效承接京津等地产业转移，推进城镇化建设和地区发展的转型升级，也为其他地区县域完善投资环境，选择正确发展道路提供参考。

6.1 河北省县域投资环境的优势和劣势分析

6.1.1 河北省县域投资环境的优势分析

第一，地缘优势。河北省位于环渤海经济区之中，全省多个县（市）处于经济区的核心地带，既是内陆城市通向亚太的出海口，又是中西部地区通向沿海开放地区的重要节点。此外，河北省也是京津冀经济圈的重要组成部分，内环北京和天津两个大型城市，全省有24个县(市)和京津相邻，与此同时，河北省众多县（市）与我国河南、山东、陕西、内蒙古、辽宁等省级行政区相接，呈望北向南、承东启西之势，县域之间经济辐射和渗透程度较强。优越的地理位置造就了河北省得天独厚的县域投资环境优势。

第二，基础设施较为完善。河北省各县（市）经过多年不断发展，基础设施建设取得了很大的成就。根据《河北经济年鉴》，在公路和铁路建设方面，河北省是华北地区的交通枢纽，早在2011年地方铁路里程已达2172.4公里，且全省县域公路里程16.048万公里，民用汽车拥有量379万辆，这增强了各县（市）吸引投资的能力；在沿海港口建设方面，目前河北省拥有秦皇岛港、黄骅港、唐山港、曹妃甸港四大港口，并正在形成以秦皇岛港为主枢纽港，以黄骅港、唐山港为区域性重要港口，以曹妃甸为重要资源接卸码头的港口群体系，这对周边各县吸引投资发展临港经济、提升县域竞争力具有重要作用；在通信建设方面，2011年全省各县（市）固定电话用户就已近1000万户，移动电话用户近4000万户，这为企业投资落户以及今后的发展提供了快捷的市场服务。

第三，产业集群优势。产业集群是指在某一产业领域内，相互关联的企业及其支撑体系在一定区域内大量通过集聚发展，形成具有持续竞争优势的企业群落。河北省县域自然资源丰富，造就了武安钢铁煤矿、宁晋电缆、枣强裘皮、迁安钢铁、安国中药材、白沟箱包、辛集皮革、清河羊绒等一批独具特色的民营经济产业集群雏形。并且，产业集群和县域经济互为促进，各地政府积极利用本地资源和要素禀赋，优化投资环境，扶持和发展产业集群，壮大县域经济，而县域经济的提升促进产业集群更加成熟。

6.1.2 河北省县域投资环境的劣势分析

第一，经济发展区域差异显著。河北省优化城镇布局，积极融入京津冀协同发展，以雄安新区和张北地区为引领，构建环京津（保定市、廊坊市、张家口市、承德市、沧州市）、冀东北（唐山市、秦皇岛市）和冀中南（石家庄市、衡水市、邢台市、邯郸市）三大区域。然而，各地区县域经济发展差异显著、分化严重，全省综合竞争力前30位县（市）过度集中在唐山市、石家庄市和廊坊市，生产总值占全省县域总量的52%，综合竞争力后30位县（市）过度集中在保定市、邢台市和邯郸市，生产总值占全省县域总量的7%，不均衡的现状阻碍了全省县域投资环境的健康持续发展。

第二，资金来源单一。相对优越的地理位置虽然为河北省各县（市）吸引外来投资创造了有利条件，但由于相邻的北京和天津两大直辖市拥有更好的投资环境，且河北省和周边地区产业结构趋同现象严重，缺乏紧密的分工协作，上述情况导致外来投资难以落户，规模以上工业企业总产值中，港澳台商和外商投资比例偏低，优良资产和先进管理经验无法引入，本地企业生产和发展具有盲目性，部分行业产能过剩和恶性竞争，造成投资环境进一步恶化，形成马太效应。

第三，法制和政策环境需改善。区域经济的发展不仅受制于当地的资源状况，而且还受到法律制度和政策的影响。和经济发达地区的投资环境相比，河北省现阶段对待各种形式的外来投资，缺乏符合本省县域发展实际的创新性投资政策，为外来投资提供优质环境的意识不足。此外，外来投资受相关部门多重领导，各部门之间缺乏协调，造成投资政策政出多门。以上问题导致大量投资转入相邻省份。

由上述分析可知，投资环境的优劣关系着当地吸引外来投资的力度和水平，进而决定着区域发展。因此，对河北省县域投资环境的优势和劣势进行比较分析，可以为优化全省县域投资环境、制定有效的产业承接政策提供参考。

6.2　河北省县域投资环境的影响因素分析

本书在借鉴我国区域投资环境相关理论和构成要素的基础上，针对县域发展的特殊性，探索河北省县域投资环境的影响因素，为构建县域投资环境评价指标体系提供参考。

6.2.1 产业发展环境

产业发展环境是县域发展实力的综合体现，和其他环境存在紧密联系，产业发展是县域全面发展的前提。因此，河北省县域投资环境构成中，产业发展环境是基础，是决定县域投资环境的先决条件。和其他区域产业发展环境构成不同的是，县域的产业发展环境不仅仅是第二、第三产业发展环境，还包括第一产业发展环境。

首先，河北省是农业大省，农林牧渔作为第一产业，其产值和人口比重较大，是县域经济发展的基础和支撑。因此，只有第一产业的产前、产中、产后服务体系健全了，农村经济才能全面发展，以此带动农村的商业、生活服务业的发展，为县域投资环境的改善奠定基础。

其次，在河北省县域发展中，虽然第一产业的发展非常重要，但县域整体发展并不等于第一产业的发展。县域发展不仅是农业的发展，而且涉及经济领域的各个产业，仅仅依靠农业发展不可能克服河北县域发展中存在的土地与人口之间的尖锐矛盾，也不可能解决县级财政困难、农民增收迟缓、农村发展严重滞后等各种问题，这些矛盾和问题必须依靠第二产业的迅速发展来解决。工业作为第二产业的主要组成，按照农业支持工业、工业反哺农业的原理，河北省各县（市）应大力实施工业强县战略，推动产业转型升级，这不仅是增强县域经济竞争力的必然要求，也是提升县域投资环境的必然选择。

最后，第三产业是我国国民经济的重要组成部分，具有能耗低、污染小、效益高等特点，对拉动县域升值、集聚人气、解决就业和增加财政收入具有重要的促进作用。第三产业也是吸纳农村剩余劳动力就业的主要渠道，为社会提供更多的就业机会，为顺利实现产业结构调整和减轻就业压力作出了积极贡献。河北省农村人口众多，各县（市）发展第三产业可以促进农村劳动力的有效转移，增加农民收入。并且，当前河北省县域发展中，受环境治理、金融危机、竞争压力、资源枯竭等因素影响，以民营加工制造业为代表的第二产业发展出现停滞现象，因此，加快发展房地产业、金融保险、科技信息、文化服务、现代物流等重点服务业，努力提高第三产业发展水平对提升县域投资环境、促进县域发展意义重大。

因此，本书选取第一产业增加值、第二产业增加值、第三产业增加值衡量县域产业发展环境。

6.2.2 综合发展环境

综合发展环境是指经济活动中各个部门、各个方面、各种因素所产生的综合效益的综合，涵盖城市和农村的综合发展，包括县域发展潜力、县域消费能力、开放化程度等因素，与该地金融市场建设、经济开放程度、居民就业以及政府税收息息相关。综合发展环境反映的是整个县域发展质量和运行状况的全貌，是县域经济中各产业协调发展的助推器，也是投资者考察县域投资环境的重要指标。例如，县域投资环境离不开良好的基础设施环境的支撑。基础设施是为社会生产和居民生活提供公共服务的物质工程设施，其作用在于保障社会各项活动正常进行，它也是企业生存发展的一般物质条件。因此，基础设施是否完善，是投资者所关注的重要因素。基础设施环境中包括地理位置、交通运输、通讯水平等因素，这些要素影响企业的生产销售和人们的生活，进而影响投资者的投资决策。再如，随着企业生产水平的不断提高，投资者越来越重视人力资源在企业中的投入与应用，县域人力资源水平的高低，对于企业长远的发展有着越来越重要的影响。河北省各县（市）在发展特色经济的同时，应利用各地要素禀赋和比较优势，优化人力资源，引进技术，加快县域经济转型升级，增强其防范和抵御外来风险的能力，提升投资环境。此外，区别于省、市等大型区域，县域是"三农"的集中区域，农村的综合发展既能吸引投资，又能为城市发展提供资金、土地、劳动力等资源。

因此，本书选取每万人拥有的民用汽车数、人均固定资产投资额、各项金融机构贷款余额、城乡居民人均存款额、港澳台和外商投资企业产值比重、城镇职工平均工资、人均财政收入、农村人均纯收入、农业机械总动力衡量河北省县域综合发展环境。

6.3 河北省县域投资环境评价指标体系的构建与样本选择

6.3.1 评价指标体系构建

县域发展的特殊性说明，在对其投资环境进行评价时，不能完全照搬现有的其他区域评价指标体系。因此，本书根据我国县域发展的主要特点，结合河北省发展实际和数据资料的可得性，构建河北省县域投资环境评价指标体系，如表6-1所示。各指标数据均来源于《河北经济年鉴》和《中国县域统计年鉴》，保证了数据的客观性与权威性。

表6-1 河北省县域投资环境评价指标体系

一级指标	二级指标
产业发展环境	第一产业增加值(X1)
	第二产业增加值(X2)
	第三产业增加值(X3)
综合发展环境	每万人拥有的民用汽车数（X4）
	人均固定资产投资额（X5）
	各项金融机构贷款余额（X6）
	城乡居民人均存款额（X7）
	港澳台和外商投资企业产值比重（X8）
	城镇职工平均工资（X9）
	人均财政收入（X10）
	农村人均纯收入（X11）
	农业机械总动力（X12）

6.3.2 评价样本选择

河北省县域数量众多，且由于行政区划调整，不同时期河北省县域数量和名称都存在不同程度的调整，鉴于评价的稳定性，本书选择县级市和沿京津县域作为样本，以此代表河北省全体县域。

1. 县级市

第一，县级市的乡村特征。与我国省、市等行政区域不同，县级市拥有广大的农村，是我国农业经济发展的重要阵地。现代化农业的发展既能保障农产品的供给、促进农民增收，又能吸引外来投资、拓宽资本投资途径，还能为其他行业发展提供人力资源支持，保证这些行业的接续发展。根据《中国城市统计年鉴》，截至2012年底，我国县级市农村人口占当地人口总数的76%，棉花产量占全国的30%，粮食产量占全国的近20%。

第二，县级市的城市特征。县级市在乡村建设的基础上，兼顾城镇发展，是城乡发展的结合点，是我国城乡统筹和新型城镇化建设的重点区域，亦是国家重要政策和重大战略的操作与落实平台，在县域发展中具有特殊地位。与一般县域相比，县级市城市化进程更快、工业和服务业发展所占比重更大、经济更发达、整体发展水平更高、城市建设的配套设施和环境更完善。以河北省为例（见图6-1），2012年，县级市第二三产业增加值比重、县均城镇在岗职工人数和民用汽车拥有量分别为88%、4万人和6万辆，大大高于普通县域78%、2万人和3万辆的平均水平。因此，县级市更加完备的城市功能，为吸引和维持资本投资提供了保障。

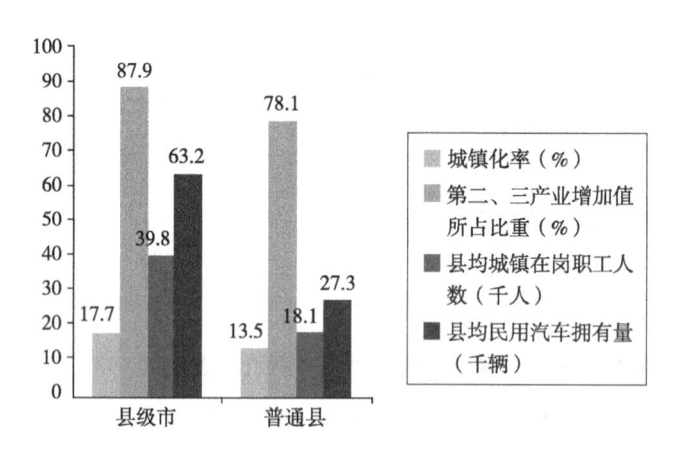

图6-1 河北省县级市与普通县城市发展比较图

［资料来源：《河北经济年鉴2013》《中国县域统计年鉴（2013）》］

第三，县级市产业结构特点。长期的地方利益保护和封闭式建设，使我国县级市发展呈现条块分割状态，产业结构不合理。首先，我国县级市产业结构是以工业为支撑的"二三一"的模式，大部分地区二产比重都在50%以上。根据《中国城市统计年鉴》，2012年，我国全部368个县级市第二产业比重达54.9%，高于同期45.2%的全国平均水平。但是，第二产业的优先发展并不意味着实现产品的高科技含量和高附加值，以河北省为例，全省22个县级市中，有19个二产比重超过全国平均水平，虽然县级市工业基础较好，然而却出现"高产不难高效难、增产不难增收难、生产不难销售难"的怪象，尤其随着近几年京津冀生态环境治理工作的开展，河北省县级市大量高污染高耗能企业急需转型升级，以便形成良好合理的投资环境。其次，相比第二产业的发展，我国县级市第三产业发展严重滞后，比重小，且水平低。2012年，我国县级市第三产业比重仅为34.6%，大大低于45.5%的全国平均水平，河北省也只有三个县级市三产比重高于全国。第三产业的发展是转移农村剩余劳动力、建设新型城镇化的重要途径，和优化投资环境相辅相成。

综上所述，县级市是我国重要的行政区域，是县域的特殊形式。随着我国大中型城市投资趋于饱和，大量资金外溢，县级市由于其得天独厚的优势，成为县域投资的首选和重要的产业承接地，提升县级市投资环境是当务之急。河北省地处华北平原，既是我国农业大省，又是京津冀协同发展的重要组成部分，更是承接京津投资、实现京津产业转移的重要承接地。根据《中国统计年鉴》和《中国城市统计年鉴》的数据分析，一方面，县级市的发展对全省经济社会发展意义重大，截至2013年底，全省所辖县级市22个，虽然数量上仅占全部县域的16%，但地区生产总值高达6981亿元，占全部县域的36%，人口所占比重高达23%，人均GDP达到47221元，远远高于普通县域30210元的平均水平；另一方面，和我国其他省份比较，河北省县级市在数量设置、经济发展等方面接近全国平均水平。

因此，以河北省22个县级市为例，①对河北省县域投资环境进行综合评价与政策优化研究，具有一定的代表性，这不仅能有效疏散京津资金，承接两地产业转移，推进城镇化建设和地区发展的转型升级，更为我国其他地区完善投资环境、促进区域发展提供借鉴与参考。

2. 沿京津县域

根据河北省各县域的地理位置，在沿北京和天津的设区市中，和京津地域相邻的有21个县（市），②这些县域是推进京津冀城市群协同发展、承接京津产业梯度转移、促进新型城镇化建设的重要区域。因此，以河北省沿京津县域为样本，分析县域投资环境，具有代表性。

第一，政策推动。我国"十二五"规划提出的"区域协调发展""产业有序转移""积极推进城镇化"等目标，对京津冀三地协作提出了更高的要求。河北省要求首都周边的一批县（市）全面深化与京津对接，构筑区域城镇布局结构，健全市县空间规划体系，打造京津冀世界级城市群。由此可见，各级政府对京津冀三地产业有效转移和承接的重视，为沿京津县域优化投资环境、实现有效产业承接提供了良好的制度环境。河北省充分利用京津周边县域，发挥交通和信息的区位优势，加快基础设施建设，招商引资，因地制宜，实现资源的共享和效益的最大化。

第二，发展差距。和同为国家级区域的长江三角洲和珠江三角洲相比，京津冀区域一体化程度偏低，各地发展不平衡，尤其是省际交界县域

---

① 根据《河北经济年鉴2013》，河北省县级市包括迁安市、三河市、武安市、遵化市、藁城市、霸州市、任丘市、定州市、鹿泉市、辛集市、涿州市、黄骅市、晋州市、新乐市、沙河市、河间市、高碑店市、泊头市、深州市、安国市、冀州市、南宫市，共22个。2014年以后，国务院同意河北省调整石家庄市、衡水市部分行政区划的请示，同意撤销县级藁城市、冀州市，设立石家庄市藁城区、衡水市冀州区，县级市数量也随之减少。

② 河北省沿京津县（市）包括三河市、遵化市、霸州市、玉田县、香河县、黄骅市、涿州市、大厂回族自治县、文安县、青县、高碑店市、滦平县、固安县、大城县、怀来县、兴隆县、永清县、丰宁满族自治县、涿鹿县、赤城县、涞水县，共21个。

发展差距明显。2012年，和相邻的北京市10个远郊区（县）以及天津市5个远郊区（县）相比，河北省沿京津21县（市）在各项指标上发展明显不足，均不及三地平均水平，且个别县域发展严重落后，如河北省大城县和天津市静海县相邻，但两地的人均GDP相差3倍；又如河北省涞水县和北京市房山区相邻，但人均GDP相差近4倍，上述地区由此成为京津冀区域发展的塌陷区和低谷区。因此，发展的差距、与京津相邻的区位优势等因素为河北省沿京津县（市）优化投资环境、承接京津产业转移提供了可能。

第三，发展优势。虽然和相邻的京津远郊区（县）相比，河北省沿京津县域发展水平存在明显的差距，但各县（市）具备产业优势和发展基础，具有土地、劳动力、矿产资源、港口等方面的比较优势，产业布局体现出规模效应，这为其优化投资环境、有选择性地承接京津产业转移、有效带动河北本地产业迅速发展提供了保证。永清、涿鹿、固安等地第一产业较发达，是典型的农业县，且部分地区近几年生态旅游业发展较快；霸州、滦平等地第二产业优势明显，形成电子信息、家具制造、铁矿采选等产业集群；黄骅、怀来、涿州等地第三产业人均产值较高，且大部分地区第三产业比重超过50%。另外，在金融发展活跃程度、基础设施建设等方面，三河、香河、大厂等地表现突出，发展基础良好。

6.4 河北省县域投资环境评价

6.4.1 评价过程

本书该部分主要基于宏观层面、动态发展视角，以县级市和沿京津县域为样本，对产业承接早期阶段河北省县域投资环境进行评价分析。投资环境受到外界诸多因素影响，各地区只有在动态中持续保持投资环境竞争优势，才能对资本形成持久吸引力。2010年，世界各国进入后金融危机时代，各种资本投资逐渐活跃，加之这一年我国中央一号文件要求各地协调城乡改革，通过县域发展推进城镇化建设，各县（市）的投资环境发生变化。鉴于上述原因，本书以2010年为界，分别对2009年和2012年河北省22个县级市投资环境以及2012年河北省沿京津21个县域投资环境进行测评，通过前后对比，重点分析县域投资环境的发展动态。采用的样本数均来源于《河北经济年鉴》《中国城市统计年鉴》《中国县（市）社会经济统计年鉴》，这保证了数据的客观性与权威性。

本书应用主成分法进行因子分析，KMO和Bartlett检验结果显示，所选取指标变量之间存在高度相关性，且达到显著性水平。根据各因子的特征值，参考碎石图，无论县级市投资环境评价，还是沿京津县域投资环境评价，均提取4个公因子描述原始变量，且提取的4个公因子累计方差贡献率均超过83%。

通过对比分析河北省县级市2009年和2012年两个时期投资环境各指标旋转后的因子载荷矩阵，2009年，指标X2、X3、X4和X9在因子1上的载荷较高，主要反映县级市的城镇化发展水平及其对投资的影响，命名为"非农产业发展因子"；指标X5、X6、X7、X10和X11在因子2上的载荷较高，主要反映区域市场潜能与资本的活跃程度，命名为"金融实力与发展因子"；指标X1和X12在因子3上具有高载荷，主要体现当地农业综合发展情况对投资的影响，命名为"农业发展因子"；指标X8在因子4上具有高载荷，主要反映当地经济开放程度，命名为"开放性发展因子"。2012年，各公因子间指标的分布情况和2009年相同，然而值得注意的是，非农产业发展因子由2009年的因子1成为2012年的因子2，而金融实力与发展因子由2009年的因子2成为2012年的因子1。分析上述变化规律，一方面，虽然河北省各县级市第二产业比重较大，但由于发展结构和方式不合理，对投资环境的影响逐渐减弱，这也印证和解释了河北省现阶段实施的转型升级发展政策；另一方面，随着新型城镇化和投融资体制改革的深入，县级市的市场潜力和资本活跃程度对投资环境的影响逐渐增强。

通过分析河北省沿京津各县（市）投资环境，与县级市比较，2012年各指标旋转后的因子载荷矩阵分布存在些许差别，指标X5、X6、X7和X10在因子1上的载荷较高，命名为"金融发展因子"，主要反映沿京津各县（市）的经济发展活跃程度；指标X1、X2、X3和X12在因子2上的载荷较高，命名为"产业发展因子"，主要反映各地三大产业发展实力；指标X4、X9和X11在因子3上的载荷较高，命名为"城乡发展因子"，主要反映当地城乡居民生活水平，县域发展不仅是城镇发展，还有乡村发展，人民生活水平的整体提升，会吸引越来越多的外来投资者在当地创业和定居；指标X8在因子4上具有高载荷，命名为"开放性发展因子"，主要反映当地经济开放程度。

6.4.2 评价结果分析

河北省22个县级市投资环境分析方面，根据每个公因子的得分函数，2012年，各因子得分中超过平均水平的县级市数量较2009年明显增多，说明自2009年以来，各地影响投资的子环境都有所发展，且各县级市依据自身优势，打造特色经济模式，逐渐形成区域特色投资环境。在此基础上，通过回归分析测算综合投资环境，由于各地投资子环境的发展，河北省各县级市投资环境总体水平稳步上升。如表6-2所示，从数量变化上分析，

2009年因子综合得分大于0的地区有10个，2012年因子综合得分大于0的地区增加到12个；从排名变化上分析，投资环境前4位（迁安、三河、武安和遵化）和后4位（深州、安国、冀州和南宫）的排序未发生改变，得分排序上升的县级市有藁城、定州、沙河等地，下降的县级市有霸州、辛集、涿州、泊头等地，其中定州市投资环境改善的速度最快；从得分变化上分析，两个时期得分前3位和后3位的县级市投资环境差距进一步加大，马太效应初显。

表6-2 河北省县级市投资环境得分及排序变化

县级市	2009年得分	排名	2012年得分	排名	排序变化	县级市	2009年得分	排名	2012年得分	排名	排序变化
迁安市	1.37	1	1.40	1	→	黄骅市	-0.10	12	0.01	12	→
三河市	0.94	2	1.00	2	→	晋州市	-0.19	14	-0.23	13	↑1
武安市	0.61	3	0.64	3	→	新乐市	-0.11	13	-0.31	14	↓1
遵化市	0.59	4	0.42	4	→	沙河市	-0.41	17	-0.32	15	↑2
藁城市	0.27	6	0.30	5	↑1	河间市	-0.34	15	-0.37	16	↓1
霸州市	0.29	5	0.192	6	↓1	高碑店市	-0.539	18	-0.43	17	↑1
任丘市	0.22	7	0.189	7	→	泊头市	-0.41	16	-0.44	18	↓2
定州市	-0.08	11	0.15	8	↑3	深州市	-0.545	19	-0.46	19	→
鹿泉市	0.11	9	0.11	9	→	安国市	-0.553	20	-0.58	20	→
辛集市	0.18	8	0.05	10	↓2	冀州市	-0.63	21	-0.63	21	→
涿州市	0.03	10	0.04	11	↓1	南宫市	-0.72	22	-0.72	22	→

河北省沿京津21个县（市）投资环境分析方面，首先，对比表6-2和表6-3可知，河北省沿京津县域中6个县级市（三河市、霸州市、遵化市、高碑店市、涿州市、黄骅市）投资环境的评价结果排序，与上述县级市投

资环境评价结果排序一致,说明县域投资环境评价指标体系的有效性、稳定性,也说明本书采用的评价方法的合理性;其次,在河北省21个沿京津县域中,投资环境高于平均水平的县域占全部县域50%,进一步结合各县(市)隶属的设区市发现各地投资环境差异显著,唐山市、沧州市和廊坊市的沿京津县(市)整体投资环境排名前三,且都高于平均水平,保定市、张家口市和承德市的沿京津县(市)整体投资环境依次为第四位、第五位和第六位,且都低于平均水平;最后,各地投资环境的离散程度也表现不同,沧州市、承德市、唐山市和张家口市所辖沿京津县(市)的投资环境差异较小,低于整体离散水平,廊坊市和保定市所辖沿京津县(市)的投资环境两极分化较突出,高于整体离散水平。

表6-3 河北省沿京津县域投资环境排序

排名	县域	设区市	排名	县域	设区市
1	三河市	廊坊市	12	文安县	廊坊市
2	遵化市	唐山市	13	永清县	廊坊市
3	霸州市	廊坊市	14	高碑店市	保定市
4	涿州市	保定市	15	滦平县	承德市
5	玉田县	唐山市	16	大城县	廊坊市
6	香河县	廊坊市	17	兴隆县	承德市
7	黄骅市	沧州市	18	涿鹿县	张家口市
8	大厂回族自治县	廊坊市	19	丰宁满族自治县	承德市
9	青县	沧州市	20	赤城县	张家口市
10	固安县	廊坊市	21	涞水县	保定市
11	怀来县	张家口市			

6.5 河北省县域投资环境空间优化的政策建议

县域投资环境的优化不仅仅是保证资金和产业的顺利落地，更要保证各种投资的可持续性发展。实践证明，不加选择盲目地发展投资环境，终究造成地区间同质化恶性竞争。

6.5.1 提升县域投资环境综合水平

县域投资环境综合水平的提升是各地得以吸引国内外资金、有效承接产业转移的基础，也是各地发展特色投资环境的前提和保障。随着市场经济完善和对外联系增强，各县（市）已初步建立了涉及各个产业和环节的综合发展体系，但仍待进一步完善。

首先，增强县域金融实力。无论是县级市投资环境分析中因子权重的动态变化，还是沿京津县域投资环境分析中的因子方差占比，都表明金融发展水平是影响县域投资环境的第一要素。然而从2009年至2012年，金融发展的因子得分有所下降，这说明地区金融实力发展状况是制约各地投资环境进一步提升的主要因素。因此，河北省各县（市）应发挥公共政策的拉动作用，在政府主导下完善地区金融体制，加大各级政府财政投入，并通过落实各项财税优惠政策、简化借贷手续等进一步降低制度壁垒，营造公平开放的环境，吸引国内外资金，尤其是民间资本进入，实现融资渠道多元化。此外，各地尽快建立全面的社会信用体系，健全相关法律，完善金融投资信息公共平台，实现资源共享，鼓励和支持发展专业金融投资咨询部门，针对不同资本多样化的投资需求，提供不同层次的套餐服务，加强金融生态环境建设，提高投资效率，实现金融发展对各种投资的促进和推动作用。

其次，均衡发展各投资子环境。各投资子环境的均衡发展是县域投资环境整体提升的保证。对县级市和沿京津县域两次样本因子分析数据显示，河北省县域各投资子环境发展差异逐年增大，以县级市投资环境分析为例，迁安和任丘投资子环境两极分化最严重。迁安市投资环境前3个公因子得分都居于前5位，但投资环境的开放性发展严重不足，居于第21位；任丘市投资环境公因子1和4发展较好，而公因子2和3得分偏低。因此，河北省各县（市）应根据自身投资子环境发展状况，合理配置资源，实现投资环境各方面均衡发展。

6.5.2 打造特色投资环境

和原有对省、市等其他区域投资环境的研究明显不同，县域的特殊性决定了现阶段投资环境在达到初步提升和均衡发展后，进而深度优化时，不能各方兼顾、全面发展，政策重点应是在目前"小而全"的基础上，根据不同地区的自然属性和环境承载能力，确定不同空间的主体功能，突出比较优势，深度发展特色投资环境，提高投资效率，以此带动其他领域发展。河北省各县（市）在地理位置、自然资源、经济结构、人才构成等方面各有特色，优化县域投资环境上应各有侧重，营造区域之间产业发展上的协调与互补效应。本书以河北省县级市和沿京津县域两次样本投资环境评价为基础，结合前期对各地的调研成果，参考河北省相关规划，确定河北省县域特色投资环境的发展路径。

第一，沿京津县域投资环境。以黄骅、遵化、迁安、三河、霸州、涿州和高碑店共7个县域为例，上述地区在优化县域投资环境时应结合本地优势，积极融入京津制造业产业链条，实现有效对接，并通过发展生态农业和林业积极承接京津外移产业，实现与京津发展的真正融合。根据河北省主体功能区规划，这些地区都属于国家优化开发区域，主要分布在冀中平原中北部环京津地带，全国"两横三纵"城市战略格局中沿海纵轴的中北部、京哈纵轴南端和京广纵轴北端，经济发达，是重要的工业、服务业基地以及交通枢纽，2012年，人均GDP高达6万元，第二三产业比重超过90%，因子分析中投资环境综合得分最高，均值为0.376。鉴于此，该类型县域应根据各自发展实际，重点打造京津产业承接型投资环境，有针对性地选择资金和产业转移，增强区域创新能力，促进产业优化升级。

黄骅紧邻天津，既是京津冀的核心区域，又是重要的沿海城市，在打造特色投资环境时，充分发挥沿渤海的区位优势，建设临港工业园，壮大提升原有的模具、汽车装备等优势产业，建成新型工业化基地，重点承接京津地区装备制造产业转移。此外，黄骅第三产业发展较好，比重达46%，在吸引资金和产业转移时，可以金融、商贸等优势产业为导向，逐步带动信息咨询、科技教育等新兴产业的投资和发展，在服务第二产业的同时，实现第三产业的结构优化升级，建设现代化生态型滨海城市。

遵化和迁安煤铁矿产资源密集，根据因子分析结果，前些年在资源型产品生产和投资的拉动下，非农产业发展因子排名靠前，投资环境综合水平较高。但是，现阶段两地资源环境矛盾突出，节能减排目标加速淘汰当地钢铁等落后产能，地区发展受到制约，阻碍投资环境进一步优化。因此，两地应吸引相关投资，致力于加强和科研机构合作，增强产品技术创新含量，加快传统钢铁产业优化升级，转变经济发展方式，重塑竞争优势，以此带动装备制造、物流等产业发展。

三河、霸州、涿州和高碑店主要和北京相邻，是北京非首都功能的疏解地,北京大兴国际机场空港新区的重要组成部分。其中,三河和霸州两地利用目前电子信息、家具制造等产业优势以及北京大兴国际机场空港新区建设良机,加快科技成果转化,发展高新技术产业、先进制造业和现代物流业,以此吸引相关投资;涿州和高碑店也应抓住新机场空港新区的建设契机,吸引金融服务、商贸物流、农产品配送和加工等方面的投资和产业转移。此外,涿州目前的文化影视艺术产业初具规模,第三产业比重高达52%,应以此吸引资金发展观光旅游和休闲度假产业,高碑店则利用新型建材产业的发展和国家建筑节能技术国际创新园的建设,吸引相关领域投资。

第二,冀中南重点开发区县域投资环境。以鹿泉、藁城、新乐、沙河、武安、冀州和任丘7个县域为例,这些地区都属于河北省主体功能区规划中的重点开发区域,主要分布在冀中南地区,与中原经济区相接,经济较发达,是重要的工业化城镇化地区。2012年,人均GDP达5万元,和其他产业发展相比,第二产业优势明显,比重超过60%,但因子分析中投资环境综合得分不足平均水平,仅为-0.018,这说明上述地区投资环境急需改善。鉴于此,该类型县域应通过重点开发形成产业聚集,打造区位特点鲜明、重点突出的特色投资环境,进一步加快工业化城镇化建设。

鹿泉、藁城、新乐、沙河和武安等县域位于我国"两横三纵"格局中轴京广通道沿线,投资环境综合得分0.096。这些地区应充分发挥交通和原有产业基础优势,在资源环境承载力允许条件下,加强各地各类产业园和工业聚集区建设,通过招商引资引导特定资金、技术、信息等先进生产要素聚集,加快传统产业升级转型,增加新兴产业集聚度,发展产业集群,突出比较优势,打造特色投资环境。例如,鹿泉市加快水泥建材产业减产转型,并利用资源优势,吸引资金和先进技术培育壮大电子信息、食品加工、装备制造和休闲旅游产业；藁城可在目前高新技术产业开发区和循环化工园区的优势产业基础上，结合传统文化，进一步引资发展医药、循环化工和工艺品加工业；新乐结合传统优势产业和地域特色文化，吸引建材、制造业和文化产业的投资；沙河和武安在传统优势产业面临减产和创新升级的政策压力下，应吸引投资以提高产品科技含量，发展高端玻璃和精品钢铁，此外，鼓励两地组团打造特色投资环境，重点发展先进制造业、商贸物流业和旅游业，建设冀中南地区重要城市圈，继而成为连接京津冀城市群和中原经济区的重要区域。

冀州和任丘都位于冀中南地区黑龙港流域中北部，投资环境得分-0.132。两地特色产业明显（如冀州的采暖设备制造业和生态旅游业、任丘的石油化工业），应在继续优化特色产业基础上，积极发展现代农业，以此带动农业观光旅游，形成各具特色的投资环境。

第三，农产品主产区县域投资环境。如晋州、安国、泊头、河间、深州和南宫6个县域，主要分布在冀中南黑龙港低平原地区，是国家农产品主产区，2012年，与其他地区相比，农业优势明显，一产所占比重近20%。鉴于农产品安全供给的重要性，上述地区在打造特色投资环境时需注意两点。其一是把农业和生态功能放在第一位，通过政府推广先进技术、加强基础设施建设和提高公共服务水平，发展现代农业、绿色农业和生态农业，创新农业生产经营模式，鼓励农业产业化发展，培育农产品深加工，强化农产品生产、加工、运输、销售等各个环节的对接与协调，并以此建设农业观光园，发展休闲农业和观光旅游业。其二是控制开发强度，限制高耗能产业，禁止高污染产业，各地可根据政府规划和传统优势产业，发展中药加工、纺织服装、装备制造等区域特色产业基地。

6.5.3 改善投资软环境以促进优质公共服务供给和区域协调

长期以来，河北省各县（市）政府在优化投资环境时，普遍重视对投资硬环境的建设，而忽视对投资软环境的改善，这导致县域投资环境的数量优化，而不是结构优化，在这样的发展政策下，县域经济往往增长到一定程度后，无法实现质的提升。随着投资环境的进一步优化，在吸引资金和承接产业转移的新一轮竞争中，各县（市）政府应在发展投资硬环境同时，特别关注投资软环境建设。相对"硬环境"而言，投资软环境是指包括公共服务能力、区域协调发展等物质条件以外的各种因素的总和，已成为影响地区投资环境可持续发展的新的比较优势。

首先，完善法治环境。通过完善立法加大对恶性竞争和垄断的打击力度，建立对知识产权的保护体系，严厉打击制假售假企业，为各类投资创造开放、公平竞争、安全的市场环境；通过法律手段整合税务、工商、银行等多个部门中关于企业和个人的信用资料，以此建立征信数据库，通过对其监督和奖惩为各类投资创造信用环境。

其次，提高政务效率，提供优质服务。一方面，和东部发达地区相比，河北省各县（市）的招商引资仍显思想保守，政府审批环节较多，投资政策政出多门，导致许多国内外优良资金和新兴产业转移选择周边相邻省份，在规模以上工业总产值中，外来企业所占比重从2009年的11%下降到2012年的8%。另一方面，过去各县（市）政府在改善投资环境时，只注重出台层层叠加的优惠政策，给予各种投资"过分"的税利减免，各地甚至在招商引资中恶性竞争，这导致外来企业可以轻松地获得高额回报，甚至有些企业把重点放在政策投机而非生产运营上，为了享受优惠政策，不断地在各地开关企业。鉴于上述问题，各地政府应完善政策和公共服务环境，发挥市场在经济发展中的决定性作用，进一步放松管制，制定更为宽松的投资政策，建立投资绿色通道，进一步发展电子政务，减少审批手续，缩短审批时间，提高办事效率，把更多的权力让渡给投资者，并将政策重点转向优质服务提供，通过建立和维护全面、规范、合理和稳定的市场秩序，降低投资风险和成本，留住现有投资，吸引更多外来投资。转变政府工作人员的工作态度和工作作风，减少其管理意识，增强其服务意思，改变滥用职权和不作为的现象，提升公共服务水平。

最后，实现区域协调发展。区域协调是"十三五"规划提出的总体战略布局，也是河北省县域发展特色投资环境的最终目的。各地打破市场割据，在地区间错位发展、合理竞争的基础上推进区域协调，实现区域宏观利益，达到优势互补、合作双赢。实现区域协调需要各地政府间的合作，通过建立长效机制，放开地区生产要素市场，共建共享县际基础设施，实现产业、市场和人才资源的整合与联动，营造可持续发展的投资环境。对于产业关联程度大的县域，可加强地区政府合作，组团打造产业集群式投资环境，对产业链进行整体招商引资。

综上所述，我国县域投资环境的优化和提升在很大程度上取决于当地实际，即当地的自然资源、地域特点、产业发展重点、公共政策等因素影响投资总量和偏好，决定了不同类型的投资环境。河北省各个县（市）拥有不同的要素禀赋，各地政府相关部门只有充分利用自身优势，遵循"宜农则农""宜工则工""宜商则商"的原则，结合主体功能区定位，有针对性地发展特色投资环境，如此才能在京津产业转移中明确承接重点，使各种资本投资有的放矢，进而以优势产业带动其他领域发展，最终提升投资环境综合水平。

第7章

河北省县域产业承接能力分析及政策优化研究

县域发展通常以行政县（市）区划为范围，以县城为中心，通过带动乡村，实现全面繁荣。按照中央对京津冀协同发展提出的"打破自家一亩三分地的思维定式，对接产业规划，不搞同构性和同质化发展"要求，河北省各县（市）在承接京津产业转移时，应做到结合自身发展现状合理布局，避免无选择地盲目承接和县域之间的无序争夺。本书参考现有产业承接能力的定义，结合县域发展实际，认为县域产业承接能力和省、市等区域不同，是县（市）在一定时期，在城市发展和农村发展的双重影响下，所具备的主动吸引、策略性选择以及可持续性发展转移产业的能力总和。由此可见，提升县域产业承接能力是实现有效产业承接的关键，从中观层面、动态视角对河北省县域产业承接进行探讨，即是对2014年以后，京津冀协同发展初期阶段县域产业承接能力进行评价分析。

对河北省县域产业承接能力进行评价，应明确"河北省各县（市）产业承接能力如何？面对京津产业转移，各县（市）根据现有承接能力和自身发展特色怎样选择重点承接产业？各地应采取哪些措施提升承接能力？"等问题，无疑对实现京津冀协同发展具有参考价值。

7.1 河北省县域产业承接能力评价指标体系构建

本书结合河北省县域发展实际，根据其产业承接的主要特点以及数据可得性，从城乡经济发展水平、地区产业发展状况、地区金融发展水平、城乡基础设施建设与城镇化发展程度四个方面共13个指标构建评价体系（见表7-1），对各地产业承接能力进行测评。

表7-1 河北省县域产业承接能力评价指标体系

一级指标	二级指标
城乡经济发展水平	人均GDP（X1）
	人均财政收入（X2）
	人均社会消费品零售总额（X3）
县域产业发展状况	第二产业人均产值（X4）
	第三产业人均产值（X5）
	规模以上工业企业数（X6）
	规模以上工业企业总产值（X7）
	乡村从业人员中从事二三产业人员数（X8）
县域金融发展水平	全社会固定资产投资额（X9）
	金融机构各项贷款余额（X10）
	城乡居民储蓄存款余额（X11）
城乡基础设施建设与城镇化发展程度	每平方公里公路里程（X12）
	城镇化水平（X13）

其中，城乡经济发展水平的高低是测量产业承接能力大小的重要基础，随着新型城镇化进程加快，经济日渐活跃，城乡居民收入不断增加，

消费潜力逐步释放，城乡消费品市场实现了稳步增长，因此，选取人均GDP、人均财政收入和人均社会消费品零售额三方面的指标来衡量城乡经济发展水平；地区产业发展状况是决定承接能力和重点承接产业的关键因素，尤其以二三产业为主，选取第二产业人均产值、第三产业人均产值、规模以上工业企业数、规模以上工业企业总产值和乡村从业人员中从事二三产业人员数作为评价指标；地区金融发展水平反映了区域市场潜能与资本的活跃程度，对各产业在承接地的可持续性发展意义重大，受到全社会固定资产投资额、金融机构各项贷款余额、城乡居民储蓄存款余额等变量影响；城乡基础设施建设与城镇化发展为承接产业转移提供配套支撑，分别由每平方公里公路里程和城镇化水平代表。

鉴于河北省县域总体数量众多以及县域规划调整，因此本书该部分以京津冀协同发展初期阶段河北省县级市和沿京津县（市）为样本，对河北省县域产业承接能力进行探讨。

7.2 河北省县域产业承接能力评价

7.2.1 评价过程

本部分对河北省县域产业承接能力的分析评价数据均来源于《河北经济年鉴2016》《中国城市统计年鉴2016》和《中国县域社会经济统计年鉴2016》，保证了数据的客观性与权威性。本部分评价分析采用主成分法进行因子分析，检验结果显示，所选取指标变量之间存在高度相关性，且指标数据来自正态分布，检验达到显著性水平。

根据13个指标的特征值、方差贡献率及其累计方差贡献率，按照特征值大于1或近似于1的原则，结合碎石图，通过对照比较河北省县级市和沿京津县域产业承接能力测评的结果，均提取了三个公因子描述原始变量的绝大部分信息。

根据河北省沿京津县域产业承接能力各测评指标旋转后的因子载荷矩阵，公因子1在指标X6、X7、X8、X9和X11上有较大载荷，主要反映地区资本投资效果、劳动力供给、当地产业集聚等情况，从不同方面对转移产业的落地及存续给予支持，因此公因子1可命名为"产业支撑力因子"；公因子2在指标X1、X3、X4和X5上有较大载荷，代表着地区经济综合发展水平、城乡市场需求、产业协调配套等情况，综合反映了各地吸引外地产业的能力，因此公因子2可命名为"产业吸引力因子"；公因子3在指标X2、X10、X12和X13上载荷较大，主要反映当地政府调控与服务能力、金融发展与支持能力、城乡基础设施建设与城镇化发展水平等情况，预示着转移产业在承接地不断发展并提升的可能性，因此公因子3可命名为"产业发展力因子"。进一步分析三个公因子的方差贡献率可知，对产业承接综合能力的影响因素由大到小依次为产业支撑力、产业吸引力和产业发展力，由此，产业支撑能力的优劣是决定京津地区企业是否向周边河北各设区市所辖县域转移和落户的关键因素。

与沿京津县域比较，河北省县级市产业承接能力各测评指标旋转后在因子载荷矩阵中的分布存在差异。原有"产业吸引力因子"中的人均GDP、人均社会消费品零售总额、第二产业人均产值和第三产业人均产值指标成为公因子1，原有"产业发展力因子"中的人均财政收入、金融机构各项贷款余额、城镇化水平指标成为公因子2，原有"产业支撑力因子"中的规模以上工业企业数、乡村从业人员中从事二三产业人员数指标成为公因子3。上述变化说明，对于河北省县级市而言，产业吸引力和产业发展力逐渐成为影响其产业承接能力的重要因素。

7.2.2 评价结果分析

河北省沿京津县域产业承接能力各因子得分及总分情况见表7-2。

表7-2 河北省沿京津县域产业承接能力各因子得分及综合得分表

设区市	沿京津县（市）	产业承接力	排名	产业支撑力	排名	产业吸引力	排名	产业发展力	排名
廊坊市	三河	1.53	1	1.39	4	1.48	2	1.84	1
	霸州	0.89	2	1.90	1	0.28	7	-0.06	11
	香河	0.55	4	0.03	11	0.50	6	1.46	2
	文安	-0.01	10	0.69	5	-1.35	20	0.43	8
	大城	-0.29	14	0.04	10	-1.20	19	0.25	9
	大厂	0.15	8	-2.06	21	2.21	1	1.35	3
	固安	-0.14	11	-0.75	16	-0.34	16	1.11	5
	永清	-0.49	17	-0.51	13	-0.91	18	0.07	10
唐山市	遵化	0.75	3	1.48	2	1.25	3	-1.04	18
	玉田	0.46	5	1.46	3	-0.01	8	-0.65	15
沧州市	黄骅	0.33	6	0.47	6	0.91	5	-0.60	14
	青县	0.01	9	0.42	7	-0.13	10	-0.52	13
保定市	涿州	0.19	7	0.27	9	-0.26	15	0.58	7
	高碑店	-0.18	12	0.31	8	-2.01	21	1.17	4
	涞水	-0.70	20	-0.82	18	-0.85	17	-0.31	12
承德市	滦平	-0.25	13	-0.45	12	1.04	4	-1.47	21
	兴隆	-0.47	16	-0.52	14	-0.02	9	-0.95	17
	丰宁	-0.63	18	-0.64	15	-0.15	13	-1.18	19
张家口市	怀来	-0.31	15	-1.01	20	-0.14	12	0.66	6
	涿鹿	-0.63	19	-0.82	17	-0.14	11	16	16
	赤城	-0.75	21	-0.89	19	-0.16	14	-1.23	20

163

首先，分要素能力评价。分析表7-2中数据发现，整体上影响河北省沿京津地区产业承接能力的三个主要因素分值均偏低，大多数地区得分低于平均水平，且极差较大，分别为3.96、4.22和3.31，这说明在产业支撑力、产业吸引力和产业发展力三个要素上各地差异较大，其中，各地在产业吸引力上的差异性尤为突出。分析每个要素得分前5名的县（市），大多集中在廊坊和唐山这两个设区市，且廊坊的三河市在三个要素的排名上均位于前5名，沧州、承德和保定分别有1次入围，而每个要素得分后5名的县（市），大部分集中在廊坊和张家口这两个设区市中，结合上述分析，廊坊市下辖的沿京津县（市）发展不平衡。

其次，综合能力评价。表7-2显示，河北省沿京津地区产业承接能力最高的是廊坊三河（1.53），最低是张家口赤城（-0.75），极差2.29，且大部分地区得分在平均线以下，由此可知，河北省沿京津各地产业承接能力整体水平偏低，各地发展参差不齐。在承接能力综合得分高于平均水平的地区中，主要包括廊坊市的三河、霸州、香河和大厂，唐山市的遵化和玉田，沧州市的黄骅和青县，保定市的涿州，而承德和张家口两地所辖的沿京津县（市），其得分全部低于平均水平。

表7-3 河北省沿京津设区市产业承接能力综合得分表

设区市	得分	排名
廊坊市	2.19	1
唐山市	1.21	2
沧州市	0.33	3
保定市	-0.69	4
承德市	-1.35	5
张家口市	-1.69	6

结合表7-3进一步分析可知：（1）廊坊市和唐山市的沿京津县域产业承接综合能力远远高于其他地区，处于第一梯队，得分2.19和1.21。但是，两地特征差别明显，廊坊市沿京津县域虽然整体承接能力较好，但两极分化严重，大城和永清排名靠后，此外，廊坊市各地产业吸引力和支撑力差异较大，产业发展力状况较好且均衡。唐山市沿京津县域产业承接水平较高且发展均衡，只是遵化和玉田两地产业吸引力差距较大，且产业发展力整体水平不足。（2）沧州市和保定市沿京津县域产业承接综合能力的得分处于平均水平上下，得分0.33和-0.69，排名第三和第四，处于第二梯队。沧州市下辖的黄骅和青县产业承接水平都较高，产业吸引和支撑方面发展较均衡，但产业发展力得分均偏低，有待进一步提高。和沧州相比，保定市相关县（市）产业承接综合能力差异明显，各地产业吸引力整体偏低，产业支撑力和产业发展力差异过大。（3）承德市和张家口市沿京津县域产业承接综合能力较差，得分-1.35和-1.69，排名第五和第六，处于第三梯队，由于受社会经济发展影响，两地产业承接能力普遍较低，这主要是两地产业支撑力和产业发展力建设相对落后所致。

表7-4 河北省县级市产业承接能力综合得分表

排名	地区	得分	排名	地区	得分
1	迁安市	1.62	11	河间市	-0.18
2	三河市	1.00	12	涿州市	-0.22
3	武安市	0.62	13	泊头市	-0.24
4	任丘市	0.60	14	新乐市	-0.36
5	辛集市	0.48	15	沙河市	-0.40
6	霸州市	0.34	16	平泉市	-0.54
7	遵化市	0.31	17	高碑店市	-0.64
8	定州市	0.02	18	深州市	-0.66

续表

排名	地区	得分	排名	地区	得分
9	晋州市	-0.06	19	安国市	-0.74
10	黄骅市	-0.14	20	南宫市	-0.83

河北省县级市产业承接能力评价结果见表7-4。首先，对比表7-2和表7-4可知，两类县域产业承接能力评价中，6个县级市（三河市、霸州市、遵化市、高碑店市、涿州市、黄骅市）评价结果排序完全一致，说明本书构建的河北省县域产业承接能力评价指标体系具有稳定性和有效性，也说明因子分析方法用于县域产业承接能力评价，具有合理性。其次，产业承接能力高于平均水平的县级市不足50%，最高的是唐山迁安（1.62），最低的是邢台南宫（-0.83），和河北省沿京津县域产业承接能力比较，离散程度较大，各地差异显著。

7.3 河北省县域产业承接能力提升对策分析

本书在评价河北省相关县域产业承接能力的基础上，通过实地调研、咨询等途径明确各地及所辖县域发展特点和优势产业，并结合京津冀功能定位和河北省发展规划，探讨河北省县域产业承接能力的有效提升对策，并进一步分析各县（市）产业承接重点，保证落地产业的可持续发展。

7.3.1 实行区域优化政策以提升各地产业承接力

廊坊市在提升产业承接能力的过程中，应重点均衡各县（市）产业吸引力和支撑力的发展，有效改善目前各地承接能力两极分化的局面。在承接京津产业转移时，廊坊市县域应充分发挥独特的区位优势和高新技术产业优势，正确选择承接企业，建设京津冀新兴产业示范基地和环渤海商务中心城市。唐山市县域现阶段产业承接综合水平较高且发展均衡，在此基础上，应进一步缩小县域之间产业吸引力的差距，并整体提升产业发展力水平。沧州市县域应继续保持产业承接力的各个影响要素均衡发展，着重提高产业发展力水平，进一步增强产业承接综合能力。与沧州比较，保定市县域应提高县域产业综合承接能力，重点是增强各地产业吸引力以及均衡各地产业发展力。承德市和张家口市县域在提高产业承接能力时，都应把重点放在优化产业支撑力和产业发展力方面。

7.3.2 选择重点承接行业以体现承接的主动性和策略性

本部分主要以沿京津县（市）所属的设区市为研究对象，分析其产业承接策略，以期为河北省其他县（市）选择正确的承接产业提供参考。

第一，廊坊市。具体而言，廊坊市相关县域可分为三大类型。

类型一，三河、香河和大厂。三地与毗邻的北京通州同城化发展，以此促进产业结构调整与优化。但值得注意的是，三地规模以上工业企业总和仅407个，第二三产业比重为45%和46%，而通州规模以上工业企业达450个，二、三产比重为47%和50%，由此看来，三地县域经济中，第二产业实力并不强，规模以上工业企业过少，且三产比重过小，因此，各地应通过合理承接京津产业转移，实现第二产业的创新升级和第三产业的快速发展。例如，三河市应根据自身产业优势，重点承接电子信息类企业，成为科技成果孵化和新兴产业示范基地；香河县和大厂县应重点承接高端制造业，壮大现有的装备制造业产业集群。此外，三地地理位置优越，北接北京，南邻天津，都位于京津之间的核心区域中，且三地交通发达，每平方公里公路里程分别为2.06公里、2.28公里和2.11公里，因此，三地应利用互联互通优势，参考自身产业需要，吸引京津城市配送型、农产品供给型等物流企业落户，进一步发展为连接全国各地物流网络的重要节点。

类型二，固安、永清。两地通过有选择性地承接企业转移，推动传统优势产业进一步发展。例如，永清县可利用现有的蔬菜种植产业优势，发展现代农业，并通过承接休闲旅游、农产品加工和批发等企业，强化农产品各个环节的对接与协调，以农业带动相关行业发展；固安县也可利用现有的新能源材料、生物制药等产业优势，吸引新兴产业落户。并且，随着北京大兴国际机场的开工，固安和永清也积极与新机场项目对接，筹建机场空港新区，以此承接众多物流企业，构建空港服务型现代物流园。

类型三，霸州、文安和大城。上述三地都与天津相邻，二产发展较快，比重超过50%，而三产明显落后，比重不足40%，传统的产业集群包括霸州的金属制品产业、文安的胶合板产业、大城的有色金属和节能建材产业。由于京津、津冀优势产业相似系数较高，因此各地在发展第二产业、选择承接重点时，应注意和天津的错位发展，并积极寻求与天津的合作，对优势产业进行优化升级。与此同时，三地也应依托优势产业，有选择性地承接京津服务业，有效延长优势产业链，壮大第三产业。

第二，唐山市。遵化市和玉田县第二产业发达，优势明显（如遵化的钢铁和食品加工产业，玉田的塑料制品和印刷机械产业），因此，各地参考现有产业集聚选择承接企业，并利用先进技术和管理理念推动传统企业转型升级，以此带动相关服务业发展，重塑竞争优势。

第三，沧州市。其中，汽车装备和模具是黄骅的传统优势产业，当地拥有多家汽车零部件生产企业和专用车改装企业，强大的模具生产也为汽车及其他行业发展提供配套支持，同时，发达的陆路交通系统和港口为产品的运输提供便利，因此，黄骅市应做大做强汽车产业园，重点承接更多的汽车制造及配套企业。此外，相对其他沿京津县（市），黄骅市第三产业较为发达，比重接近50%，在承接京津产业转移过程中，应以金融、商贸业为导向，逐步带动信息咨询业、科技教育等新兴产业的发展，在服务第二产业的同时，实现第三产业的结构优化升级。青县紧邻天津静海，在土地资源、劳动力成本、区位交通等方面具有天然优势，目前承接工作的重点是利用现有优势，和津企明确分工、加强合作，避免恶性竞争，并积极和天津高校在科研创新、产品开发、学生就业等方面开展密切合作，推动当地电子机箱等传统产业转型升级。

第四，保定市。其中，涿州市第三产业比重高达54%，在文化创意和影视制作产业上具有优势，在承接产业转移时，应选择文化艺术、文化旅游等现代服务业，打造京津冀文化影视基地，此外，涿州还可先期承接和发展现代物流企业、金融服务类企业和新能源企业，在未来北京地铁直通和机场空港新区建成后，随着涿州交通体系进一步完善，将有力促进上述行业的发展。涞水县也主要以第三产业为主，比重为56%，涞水生态资源丰富，地形多样，森林覆盖率高，水源丰富，且高速路网密度大，这为承接和发展生态养老和旅游产业奠定了基础，此外，该地蔬菜和水果种植较为普遍，有助于发展现代农业，建立农业观光园以促进休闲旅游业发展。高碑店市传统优势是新型建材业、农副产品批发零售业和机械制造业，当地还建有国家建筑节能技术国际创新园，为北京相关企业落地和发展提供了良好产业基础，并且，高碑店还成为北京教育医疗及商贸流通的重点承接地。

第五，承德市和张家口市。承德市滦平、兴隆和丰宁三地，矿产和旅游资源丰富，兴隆县更是入选"中国避暑休闲百佳县"，当地旅游企业、钒钛制品企业和食品加工企业众多，上述三地在承接京津产业转移时，应根据现有产业选择企业，以此推动国际旅游城市和国家钒钛产业基地的建设，此外，三地还应积极承接中关村相关产业，合力打造中关村承德产业基地。张家口市怀来、涿鹿和赤城三地，地形多样，矿产丰富，且北京携张家口申奥成功，进一步推动了旅游业和体育相关产业的发展，因此，张家口三县应依据现有优势，着力承接和发展休闲旅游、矿产精深加工、农产品加工等产业，建成京冀晋蒙交界区域中心城市。

表7-5 河北省部分县域重点承接行业及发展趋势表

设区市	相关县域重点承接行业及发展趋势
廊坊市	（1）三河市重点承接电子信息类企业，成为科技成果孵化和新兴产业示范基地，并吸引京津城市配送型、农产品供给型等物流企业落户；（2）香河县和大厂县应重点承接高端制造业，壮大现有的装备制造业产业集群，此外，进一步发展为连接全国各地物流网络的重要节点；（3）永清发展现代农业，承接休闲旅游、农产品加工等企业，并承接物流企业；（4）固安吸引新能源材料、生物制药等企业落户，并承接物流企业构建空港服务型现代物流园；（5）霸州、文安和大城在承接产业转移时，注意和天津的错位发展，有选择性地承接京津服务业。
唐山市	遵化市和玉田县第二产业优势明显，因此，两地参考现有钢铁、装备制造、食品加工等产业集聚选择承接企业，并利用先进技术和管理理念推动传统企业转型升级，以此带动相关服务业发展，重塑竞争优势。
沧州市	（1）黄骅市应做大做强汽车产业园，重点承接更多的汽车制造及配套企业，并以金融、商贸业为导向，逐步带动信息咨询业、科技教育等新兴产业的发展；（2）青县选择承接产业时，应和津企明确分工，避免恶性竞争，推动当地电子机箱等传统产业转型升级。
保定市	（1）涿州应选择文化艺术、文化旅游等现代服务业，打造京津冀文化影视基地，此外，还可先期承接和发展现代物流企业、金融服务类企业和新能源企业；（2）涞水承接和发展生态养老和旅游产业，并发展现代农业，建立农业观光园，促进休闲旅游业发展；（3）高碑店良好的产业基础为北京农产品批发企业、新型建材企业和先进装备制造企业的落地和发展提供便利，此外，还可承接北京教育医疗及商贸流通产业。

续表

设区市	相关县域重点承接行业及发展趋势
承德市	滦平、兴隆和丰宁重点承接相关产业以推动国际旅游城市和国家钒钛产业基地的建设，此外，三地还应承接中关村相关产业，合力打造中关村承德产业基地。
张家口市	怀来、涿鹿和赤城承接相关产业，着力发展休闲旅游、矿产精深加工、农产品加工等产业，建设京冀晋蒙交界区域中心城市。

综上所述，京津冀协同发展提出的"区域协调""立足各自优势优化地区产业布局""新型城镇化建设"等目标，为河北省各地策略性、有选择性地承接产业转移创造了良好机遇。本部分以县级市和沿京津县域为样本，通过分析县域产业承接能力，结合各地发展特点和比较优势，确定各地产业承接的重点行业，提出优化对策，保证落地产业可持续发展，为提升产业承接绩效奠定基础。

第8章

生态承载力约束下河北省县域产业承接绩效分析及政策优化研究

2014年，习近平总书记全面深刻阐述了京津冀协同发展战略的重大意义、推进思路和重点任务，针对京津冀发展提出"加强顶层设计""打破'一亩三分地'思维""产业对接协作""城市群一体化""生态环境保护合作""交通一体化"和"市场一体化"等方面要求。由此，京津冀区域在历经20世纪八九十年代的区域合作发起阶段和21世纪初期的建设京津冀都市圈阶段后，迎来崭新的京津冀协同发展阶段，京津产业向河北转移进入实质性提速阶段。京津冀协同发展，是面向未来打造新的首都经济圈、推进区域发展体制机制创新的需要，是探索完善城市群布局和形态、为优化开发区域发展提供示范和样板的需要，是探索生态文明建设有效路径、促进人口经济资源环境相协调的需要，是实现京津冀优势互补、促进环渤海经济区发展、带动北方腹地发展的需要。河北省鼓励县域做优承接文章，通过产业集聚、要素集聚、服务集成，打造承接平台以适应大规模承接京津产业转移的需要，各县（市）以生态可承载为前提，结合发展实际，承接特色产业，成长为承接京津产业转移的主要载体，带动地区全面协调发展，努力打造生态可承载的区域发展新格局。

产业承接既能推动县域优化发展，又会给县域生态带来风险和挑战。

因此，在动态分析河北省营商环境、京津冀区域产业承接早期阶段县域投资环境、京津冀协同发展初期阶段县域产业承接能力的基础上，本部分引入生态承载力，对近些年京津冀协同发展过程中河北省县域实现产业承接后的绩效进行更直观、更微观的综合评价分析，对产业承接绩效的提升进行政策引导，实现区域平衡与充分发展。

8.1 生态承载力约束下河北省县域产业承接绩效评价指标体系的构建

8.1.1 指标体系构建的原则

首先，评价指标体系的构建应全面系统。构建生态承载力约束下河北省县域产业承接绩效评价指标体系，既要包括反映产业承接后区域生态发展的指标，也要涵盖经济实力、公共服务、社会管理、教育文化等方面指标，并且通过逐层细化使各级指标层次清晰，以期能全面综合反映产业承接带动县域经济、政治、文化、社会和生态文明"五位一体"综合建设情况，最终实现区域平衡与充分发展。

其次，评价指标体系的构建应具备可操作性。指标的选取应符合通用性要求，对各县（市）承接绩效的评价标准和统计口径一致，并在指标的筛选过程中，尽量保留可量化指标，通过权威机构获取指标数据，这样便于对各地投资环境进行定量分析，使评价更具科学性。

最后，评价指标体系的构建应具有动态性。无论生物多样性的重建，还是自我净化、自我修复能力的恢复，在生态发展中都不可能一蹴而就，也不可能一成不变，而是一个逐步、渐进、动态的过程。现阶段我国致力于建设资源节约型社会，发展环境友好型产业，解决生态、经济、社会的均衡发展。因此，在构建生态承载力约束下县域产业承接绩效评价指标体系时，应设置反映县域生态发展现状及动态改善的指标，如空气质量及空气质量改善情况，以此促使各县（市）政府加强生态环保，影响资本的投资偏好，吸引具有环保技术和高效率管理技术的资本落户，实现县域发展的可持续性。

8.1.2 指标体系的构建

产业承接绩效是转移产业在承接地落地及进一步发展对当地的综合影响，是产业承接形成的各种效应总和。因此，本部分通过分析承接产业转移产生的主要效应，以此为基础，构建生态承载力约束下河北省县域产业承接绩效评价指标体系。

1. 产业承接的经济增长效应

京津冀协同发展过程中，京津产业在河北省县域的落地和发展，必然引起人口、产业在空间上新的积聚，势必将拉动地区经济的快速发展。国内外学者通过理论和实证分析，对产业转移产生的经济增长效应进行深入探讨。Sheard通过构建三地区模型，说明落后地区的产业承接有助于其经济增长。卢根鑫和陈勇都以国际产业转移与承接为研究对象，总结产业转移对承接地经济发展的积极效应。近年来，随着我国国内产业转移与承接的实质性推进，区域产业转移研究备受关注，学者们对区域产业承接经济效应的研究成果更加微观、细化与具体。杨扬等对广东省内产业空间转移与承接的相关研究发现，城市间产业转移和承接会缩小地区间人均GDP差距；万永坤揭示西部省份的产业承接优化产业结构，带动了当地经济快速增长；胡黎明对产业转移与承接的经济效应及其形成机理进行分析，认为通过资本、技术、就业等方面的作用，最终产业承接促进区域经济增长。周伟则针对京津冀协同发展战略实施后河北省承接京津产业转移形成的经济效应等进行测度，结果显示产业承接对河北省经济增长具有显著效应。朱华友等人以动态外部性视角，分析了皖江产业承接示范区转移企业再地方化对当地发展的作用机理，指出企业的落地及发展能够显著促进地区经济发展。

此外，经济与电力密切相关，每个地区经济发展与电力消费之间存在一定规律，用电量被视为经济发展的"晴雨表"和"温度计"。Aydin基于1980—2015年期间26个经合组织（OECD）国家的数据，研究了电力消费与经济增长之间的协整关系；姚愉芳等学者通过分析北京市和山西省1986—2012年经济与电力发展数据，认为两地经济增长与电力增量都存在联系，经济增长是引发用电增量的主要因素；而同时期潘玉雪和李海涛也通过研究发现，河北省电力消费的增长直接影响经济的增长，同时经济增长也进一步刺激电力消费；曹金龙和陈洁赟重点分析了我国华东地区六省一市经济增长与电力消费的长期均衡关系，认为两者具有一致性；与此同时，李佳和周荣荣对我国省域经济增长与电力消费关系进行实证检验，发现电力消费规模的提高有利于经济增长，电力消费对经济增长的促进作用明显；朱平芳等人也通过研究发现用电负荷与经济发展高度拟合。

鉴于上述分析，本书采用GDP和全社会用电量两个指标代表河北省县域产业承接的经济效应。

2. 产业承接的出口促进效应

纵观全世界产业转移与承接发展史，每一次都伴随着创新改革，与此同时，创新加快企业转型升级，培育和提升承接地企业竞争力，对企业出口有明显的促进作用。孙志娜的研究结论表明，产业转入对该地出口技术复杂度产生显著的促进作用。首先，产业承接促进了地区创新。陈春香和邓峰认为，产业转移不仅能促进承接地绿色创新效率，还能带动相邻地区绿色创新效率，具有创新空间效应。卓乘风等人探讨了丝绸之路经济带地区产业承接对区域创新能力的影响，发现承接产业转移能够显著提升经济带各地区创新能力。张营营和高煜进一步针对西部11个省（自治区、直辖市）产业转移对承接地创新投入的作用机理进行研究，结果显示产业承接促进了西部地区创新投入，且承接高技术行业产业对创新投入的促进效果更为显著，具有明显的行业异质性。其次，承接地创新能力的提升直接影响当地企业出口。杨修和朱晓暄分析了OECD国家及印度、南非等新兴经济体创新程度对出口多样化的促进效果。李玉山等人利用省际层面数据进行实证研究，结论显示技术创新显著提升了出口复杂度。褚婷婷和郎丽华具体研究了技术创新对东北三省"一带一路"外贸出口的影响，阐明技术创新能够扩大东北三省"一带一路"外贸出口，结合地区异质性，发现其促进作用更加显著。张秀峰更是针对我国52家国家高新区进行研究，认为创新驱动发展对高新区出口转化效率产生了显著的正向影响。鉴于上述分析，本书采用各县（市）出口总额代表河北省县域产业承接的出口促进效应。

3. 产业承接的居民收入增长效应

地区收入差异是阻碍区域经济一体化的决定力量，区域收入差距的实质就是产业发展的差距，所以缩小我国区域收入差距，应该从产业发展入手。因此，在区域间存在产业发展差距的情况下，推动区域间产业转移与承接，无疑是提高欠发达地区居民收入，化解我国区域收入差距的重要途径。高江静和刘志彪通过模型分析和实证研究，均发现产业转移带动区域

第 8 章 生态承载力约束下河北省县域产业承接绩效分析及政策优化研究

融入全球化，缩小了我国东西部地区间的收入差距。余时飞认为打破地方保护主义、推进区域经济一体化可以促进产业空间转移，并提高居民实际收入。李志翠和阿布来提·依明在理论分析产业转移和承接对于东西部居民收入差距作用机理的基础上，以我国西部地区12省（自治区、直辖市）为对象，实证检验了东西部区际产业转移与承接对于改善两地居民收入差距的作用，结果显示西部地区承接产业转移尤其有利于缩小东西部农村居民之间的收入差距。王红梅和鲁志辉则是立足于京津冀地区，揭示2014年京津冀协同发展上升为国家战略后，产业转移与承接量较之以前成倍增长，河北省各地承接京津产业转移对省内城镇居民收入增加的贡献率达到67.4%。通过上述分析，本书采用居民储蓄存款余额代表河北省县域产业承接的居民收入增长效应。

4. 产业承接的民生保障提速效应

现阶段地方政府行为在我国产业转移与承接中扮演着重要角色。在承接产业转移前，地方政府行为对企业的投资成本产生影响，从而引发产业在空间上的重新配置；承接产业转移后，产业落地及发展也会对承接地政府行为产生重要影响。首先，按照京津冀协同发展规划要求，河北省集中承接北京教育、医疗产业转移，但在具体承接及后续发展中，会面临承接成本与风险、路径与创新、资源整合等方面问题，承接地政府通过加大教育医疗投资，完善教育、医疗配套服务，健全制度与机制，确保承接无缝对接，教育、医疗在承接地发展取得实效。因此，河北省承接教育、医疗转移的具体效果也成为产业承接绩效的一部分。其次，承接产业转移的目标是通过促进地区产业转型升级，实现承接地低碳、绿色和可持续发展，提高城镇化水平和质量。根据学者们的研究成果，在承接产业转移过程中，地区教育、医疗等民生保障功能的提升是承接地提高城镇化水平、实现全面发展的重要因素。张晓楠认为产业转移可以通过回流效应、直接增长效应和间接增长效应来帮助教育发展缩小区域之间的城镇化发展差异。张朝华通过因子分析发现，产业承接过程中农村社区治理效果与当地教育、医疗事业发展高度相关。傅为忠、王建民等人都以中部地区承接产业转移的典型区域——皖江城市带示范区为研究对象，运用不同方法探讨皖江城市带在产业承接过程中区域绿色发展水平以及低碳发展效应的影响因素，从促进程度来看，承接地的教育水平、政府投资的促进程度相对较大。唐菊、赵明等学者以产业转移与承接为视角，分别对青海省海西州和河南省周口市的可持续发展以及城镇化发展进行研究，结果表明，当地政府投资、高质量的教育医疗公共服务是其重要因素。因此，政府投资以及教育、医疗事业发展，直接影响着承接地可持续发展、城镇化等产业承接最终目标的实现，是衡量地区产业承接绩效的重要内容。

综合上述两方面分析，本书采用地方一般公共预算支出、普通中学在校学生数、普通中学专任教师数量、医疗卫生机构床位数代表河北省县域产业承接的民生保障提速效应。

5. 产业承接的生态效应

生态兴则文明兴，生态建设关系着生态文明体系的构建。近年来，生态文明建设纳入"五位一体"中国特色社会主义总体布局，统筹推进经济建设、政治建设、文化建设、社会建设、生态文明建设，把生态文明建设放在突出地位，融入经济建设、政治建设、文化建设、社会建设各方面和全过程。在区域发展过程中，"五位一体"是相互联系、相互促进、相辅相成的统一整体，以此加快建设资源节约型、环境友好型社会，建设人与自然和谐共生的现代化，实现区域协调发展。

随着区域产业转移向纵深拓展，传统产业承接下移入产业对承接地生态环境造成了严重威胁,其负面影响受到越来越多的关注和研究,逐年改善生态环境质量成为区域发展的硬约束,生态承载力也成为评价区域产业承接绩效高低的重要因素。因此,现阶段产业转移与承接不仅要推进区域经济一体化,还要缓解因产业发展不合理等因素导致的生态问题。郭进和徐盈之以长江三角洲——皖江城市带为例,分析长江三角洲产业大规模向皖江城市带转移过程中,承接地的生态承载压力和生态承载弹力,并对不同生态承载力约束下各地承接的重点产业进行探索,以期提升产业承接绩效。刘曦彤以长江三角洲地区各城市为样本,以各地PM2.5日均浓度为研究对象,探索如何借助产业转移实现雾霾污染的有效治理,指明现行的产业转移并不能有效缓解长三角地区的雾霾污染问题,必须结合雾霾污染及溢出特征调整产业转移政策、优化产业转移方向,实施区域协同治理、集中化高效治理。

空气质量与社会民众身心健康息息相关,是生态环境的核心要素,是社会各界高度关注的重要生态环境指标。随着生态环境的恶化,空气质量的下降,越来越多人关注和研究空气质量。根据我国生态环境部发布的《中国环境状况公报》显示,2019年,全国337个地级及以上城市中,180个城市环境空气质量超标,占53.4%,337个城市累计发生重度污染1666天,比2018年增加88天,PM2.5浓度为36微克/立方米,与2018年持平;2020年,135个城市环境空气质量超标,占40.1%,比2019年下降13.3个百分点,337个城市累计发生重度污染1152天,比2019年减少514天,PM2.5浓度为33微克/立方米,与2019年相比有所下降。学者钟茂初认为,空气环境质量指标可以看作是生态环境质量的重要具象化表征,与现实中空气质量监测的结果较为吻合,因此城市空气环境质量状况可以作为比较各区域生态环境质量好坏的依据,处于生态环境质量指标高区域的城市,现实中空气质量较好的概率高；处于生态环境质量指标低区域的城市，现实中空气质量较差的概率高。邵瑞华等人则进一步阐明了PM2.5是表征城市空气质量的主要指标，因为他们发现空气中的PM2.5占可吸入颗粒物质量约50%—70%，对人类健康及其生态系统可能造成危害，并且这些颗粒物通过干、湿沉降的方式进入生态系统中，沉积在植物和土壤以及水体环境中，改变生态系统结构和功能，从而影响生态环境。

京津冀地区既是现阶段我国区域产业转移与承接最集中的地区之一，又是空气污染的重灾区。根据本书4.2部分的分析可知，京津冀协同发展以来，河北省生态环境不断改善，生态承载力不断提高。根据《中国环境状况公报》，考虑空气污染的空间扩散性，京津冀及周边地区城市优良天数比例平均为63.5%，比2019年上升10.4%，其中仅1个城市优良天数比例低于50%，重度及以上污染天数比例比2019年下降2%。但是，和全国其他城市比较，京津冀地区城市环境空气质量相对较差，2019年和2020年，在全国168个地级及以上城市[①]环境空气质量排名中，河北省石家庄市、唐山市、邯郸市、邢台市和保定市均在后20位（见表8-1）。由此可见，随着河北省县域承接京津产业转移以及落地企业可持续发展的进一步推进，各县（市）全面、协调发展任重道远。

表8-1　168个城市中河北省部分城市的城市环境空气质量排名

2019年		2020年	
城市	排名	城市	排名
保定市	158	保定市	152
唐山市	163	邢台市	161
邯郸市	165	邯郸市	164

① 包括京津冀及周边地区、长江三角洲、汾渭平原、成渝地区、长江中游、珠江三角洲等重点区域以及省会城市和计划单列市。

续表

2019年		2020年	
城市	排名	城市	排名
石家庄市	166	唐山市	165
邢台市	167	石家庄市	167

（资料来源：2019年、2020年《中国环境状况公报》。）

因此，在构建河北省县域产业承接绩效评价指标体系时，考虑空气质量的动态变化，以此对生态承载力约束下河北省县域产业承接绩效进行分析，非常必要。本书采用PM2.5浓度、空气质量综合指数、空气质量综合指数同比增长幅度、PM2.5浓度同比改善幅度代表各县（市）产业承接生态效应的动态变化。

综合上述五方面产业承接效用的分析，本书构建生态承载力约束下河北省县域产业承接绩效评价指标体系，见表8-2。

表8-2 生态承载力约束下河北省县域产业承接绩效评价指标体系

维度	指标
经济增长效应	地区生产总值（GDP）（X1）
	全社会用电量（X2）
出口促进效应	出口总额（X3）
居民收入增长效应	城乡居民储蓄存款余额（X4）
民生保障提速效应	普通中学在校学生数（X5）
	普通中学专任教师数（X6）
	医疗卫生机构床位数（X7）
	地方一般公共预算支出（X8）
生态效应	PM2.5浓度（X9）
	空气质量综合指数（X10）
	PM2.5浓度同比改善幅度（X11）
	空气质量综合指数同比增长幅度（X12）

8.2 生态承载力约束下河北省县域产业承接绩效评价

8.2.1 评价过程

鉴于河北省县域总体数量众多以及县域规划调整，因此本部分以近年来河北省县级市和沿京津县（市）为样本，对生态承载力约束下河北省县域产业承接绩效进行探讨。相关评价数据均来源于《河北经济年鉴2018》《中国城市统计年鉴2018》和《中国县域统计年鉴2018》，保证了数据的客观性与权威性。

本部分评价分析采用主成分法进行因子分析，检验结果显示，所选取指标变量之间存在高度相关性，且达到显著性水平。根据各因子的特征值，参考碎石图，无论县级市产业承接绩效评价，还是沿京津县域产业承接绩效评价，均提取4个公因子描述原始变量，其中县级市产业承接绩效评价提取的4个公因子累计方差贡献率为90.43%，沿京津县域产业承接绩效评价提取的4个公因子累计方差贡献率为82.98%，说明提取的4个公因子可以解释原变量的绝大部分信息（见表8-3、表8-4）。

表8-3 解释的总方差（县级市）

序号	初始特征值			提取平方和载入			旋转平方和载入		
	合计	方差的%	累积%	合计	方差的%	累积%	合计	方差的%	累积%
1	5.451	45.427	45.427	5.451	45.427	45.427	3.577	29.81	29.81

续表

序号	初始特征值			提取平方和载入			旋转平方和载入		
	合计	方差的%	累积%	合计	方差的%	累积%	合计	方差的%	累积%
2	2.728	22.731	68.158	2.728	22.731	68.158	3.037	25.309	55.119
3	1.451	12.095	80.252	1.451	12.095	80.252	2.213	18.443	73.561
4	1.221	10.179	90.431	1.221	10.179	90.431	2.024	16.87	90.431
5	0.447	3.723	94.154						
6	0.32	2.667	96.821						
7	0.128	1.063	97.884						
8	0.094	0.781	98.665						
9	0.066	0.55	99.214						
10	0.044	0.364	99.579						
11	0.032	0.269	99.848						
12	0.018	0.152	100						

表8-4 解释的总方差（沿京津县域）

序号	初始特征值			提取平方和载入			旋转平方和载入		
	合计	方差的%	累积%	合计	方差的%	累积%	合计	方差的%	累积%
1	5.617	46.805	46.805	5.617	46.805	46.805	4.108	34.231	34.231
2	2.369	19.743	66.548	2.369	19.743	66.548	2.567	21.389	55.621
3	1.18	9.831	76.379	1.18	9.831	76.379	2.035	16.956	72.577
4	0.792	6.599	82.978	0.792	6.599	82.978	1.248	10.401	82.978
5	0.756	6.303	89.281						
6	0.565	4.71	93.99						
7	0.352	2.932	96.922						
8	0.169	1.406	98.328						
9	0.106	0.879	99.207						
10	0.044	0.363	99.571						
11	0.037	0.309	99.88						
12	0.014	0.12	100						

根据生态承载力约束下河北省县级市产业承接绩效评价各指标旋转后的因子载荷矩阵，指标X1、X2、X3、X4和X8在因子1上的载荷较高，综合反映产业承接对县级市社会经济发展前景的影响，命名为"经济发展前景因子"；指标X5、X6和X7在因子2上的载荷较高，主要反映产业在承接地的落地和进一步发展对当地教育、医疗等民生保障产品提供的促进作用，命名为"民生保障促进因子"，该因子不仅能直接测量京津教育和医疗资源转入河北县域后的发展效果，还能间接体现出其他承接产业与当地医疗、教育资源的深度融合与无缝对接情况，这有利于可持续发展、新型城镇化等产业承接目标的实现；指标X9和X10在因子3上的载荷较高，主要反映以空气质量为代表的县级市生态环境现状，命名为"生态环境因子"；指标X11和X12在因子4上的载荷较高，主要反映以空气质量为代表的县级市生态环境改善情况，命名为"生态改善因子"，该因子代表各市在产业承接的同时，对当地生态环境的治理成效。在上述4个公因子中，因子3"生态环境因子"和因子4"生态改善因子"综合反映河北省县级市的生态承载力情况，两个公因子的方差贡献率分别为20.39%和18.66%，实际累计贡献率近40%，它们和因子1、因子2共同评价，能较科学、合理地反映生态承载力约束下河北省县级市产业承接绩效状况。

与县级市比较，河北省沿京津县域产业承接绩效评价中，各指标旋转后在因子载荷矩阵中的分布存在差异。其中，代表生态承载力的"生态环境因子"和"生态改善因子"从因子3、因子4分别成为因子2和因子3，因子排序发生变化，说明在河北省沿京津县域产业承接绩效评价中，生态承载力状况对当地产业承接效果的影响更大、约束力更强。"生态环境因子"和"生态改善因子"的方差贡献率分别为25.78%和20.43%，实际累计贡献率近50%。因此，运用指标体系，4个公因子综合评价，同样能较科学、合理地反映生态承载力约束下河北省沿京津县域产业承接绩效状况。

8.2.2 评价结果分析

河北省县级市产业承接绩效评价具体见表8-5。首先，通过分要素评价可知，生态承载力约束下影响河北省各县级市产业承接绩效的四个主要因素得分分布较均匀，但在每个因子得分中，高于平均水平的均不足50%，其中生态环境因子分值分布中，有9个县级市超过平均水平，略优于其他三个因子的得分情况。此外，四个因子得分极差较大，分别为3.74、4.55、3.84和3.61，这说明在经济发展前景、民生保障促进、生态环境、生态改善四个要素上各地差异较大，其中，各县级市在民生保障、生态环境现状两方面差异性尤为显著。进一步分析各地在生态环境以及生态改善方面的表现可知，承德市和廊坊市所辖县级市在生态环境现状方面优于其他地区，近些年保定市和衡水市所辖县级市在生态环境改善方面成绩较突出。其次，通过综合绩效水平评价可知，生态承载力约束下河北省县级市产业承接绩效最高的是迁安市（0.89），最低的是新乐市（-0.7），极差1.59，且大部分地区得分在平均水平以下，整体绩效水平偏低，绩效得分高于平均水平的地区包括迁安市、三河市、霸州市、涿州市、定州市、武安市、任丘市、辛集市。进一步结合各县级市所属设区市分析（见表8-6），生态承载力约束下，廊坊市、邯郸市和唐山市所辖县级市产业承接绩效较高，石家庄市、衡水市和邢台市所辖县级市产业承接绩效较低。此外，唐山市、保定市所辖各个县级市产业承接绩效水平差异明显，而廊坊市和邢台市所辖各个县级市产业承接绩效水平趋于一致。

生态承载力约束下河北省沿京津县域产业承接绩效评价具体见表8-7。首先，在各因子表现方面，河北省沿京津各县（市）在产业承接绩效的四个影响因子上得分分布较均匀，尤其在生态环境现状方面表现最佳，优于县级市，13个县（市）超过平均水平；沿京津县域产业承接绩效的四个影响因子得分极差较小，分别为3.55、4.26、3.13和3.66，这说明与县级市比较，沿京津县域在四个要素上各地差异性缩小；在生态改善因子方面，廊坊市和保定市下辖县域排名靠前，这说明上述地区在生态环境改善方面绩效突出。其次，在综合绩效方面，超过平均水平的县域数量增加，超过总数的一半，且主要分布在廊坊市、保定市和唐山市，与县级市比较，生态承载力约束下河北省沿京津各县（市）产业承接效果更好。

表8-5 河北省县级市各因子得分及综合得分表

排名	县级市	总分	因子1	因子2	因子3	因子4
1	迁安市	0.89	2.58	−0.03	0.99	−0.83
2	三河市	0.86	0.50	0.82	1.64	0.69
3	霸州市	0.60	1.26	−0.49	−0.10	1.82
4	涿州市	0.58	−0.30	0.35	0.93	2.08
5	定州市	0.53	−0.98	3.37	−0.51	0.07
6	武安市	0.50	1.51	0.94	−0.53	−0.79
7	任丘市	0.36	0.60	0.90	−0.26	−0.19
8	辛集市	0.06	1.13	−0.76	−1.71	1.32
9	高碑店市	−0.09	−0.82	−0.18	0.54	0.66
10	遵化市	−0.13	0.15	0.47	−0.31	−1.34
11	河间市	−0.16	−0.23	−0.44	0.40	−0.24
12	黄骅市	−0.17	−0.06	−0.66	0.76	−0.63
13	泊头市	−0.25	−0.67	−0.18	0.20	−0.09
14	平泉市	−0.30	−0.62	−0.85	2.13	−1.54
15	深州市	−0.36	−0.78	−0.79	−0.24	0.86
16	安国市	−0.39	−1.16	−0.63	0.34	0.50
17	南宫市	−0.53	−1.02	−0.28	−0.50	−0.05

续表

排名	县级市	总分	因子1	因子2	因子3	因子4
18	沙河市	−0.60	−0.66	0.09	−1.20	−0.88
19	晋州市	−0.69	0.24	−1.19	−1.43	−0.77
20	新乐市	−0.70	−0.66	−0.46	−1.15	−0.63

表8-6 河北省各县级市所属设区市综合得分表

设区市	得分	设区市	得分
石家庄市	−0.44	邯郸市	0.50
保定市	0.16	邢台市	−0.57
廊坊市	0.73	衡水市	−0.36
唐山市	0.38	承德市	−0.30
沧州市	−0.05		

表8-7 河北省沿京津县域各因子得分及综合得分表

排名	县域	总分	因子1	因子2	因子3	因子4
1	霸州市	1.18	2.19	0.31	1.54	−0.91
2	涿州市	0.83	2.02	−0.66	1.31	−0.79
3	三河市	0.80	1.79	−0.70	−0.32	2.47
4	玉田县	0.49	0.47	2.52	−1.44	−0.50
5	遵化市	0.43	1.00	1.10	−1.59	0.46
6	香河县	0.23	−0.43	0.04	1.23	1.16
7	固安县	0.20	−1.01	0.41	0.81	2.75
8	高碑店市	0.13	−0.12	0.61	0.41	−0.50
9	大城县	0.10	−0.22	0.46	0.90	−0.88
10	文安县	0.09	0.30	0.01	0.08	−0.40
11	黄骅市	0.05	0.19	0.37	−0.82	0.39
12	永清县	−0.02	−0.94	0.60	1.07	−0.01
13	大厂回族自治县	−0.24	−1.36	0.25	1.32	−0.12
14	青县	−0.24	−0.53	0.64	−0.74	−0.30

续表

排名	县域	总分	因子1	因子2	因子3	因子4
15	涞水县	−0.28	−1.16	1.03	0.09	−0.70
16	涿鹿县	−0.52	−0.64	−0.99	0.27	−0.48
17	滦平县	−0.54	−0.08	−1.16	−0.73	−0.47
18	丰宁满族自治县	−0.60	−0.27	−1.24	−0.88	0.10
19	怀来县	−0.64	−0.37	−0.82	−1.27	−0.12
20	兴隆县	−0.65	−0.33	−1.01	−0.92	−0.51
21	赤城县	−0.80	−0.51	−1.75	−0.31	−0.62

8.3 生态承载力约束下河北省县域产业承接绩效提升的优化政策分析

随着京津冀协同发展向纵深推进，河北省已成为承接京津产业转移的主战场。河北省应通过营造良好的省域营商环境，优化县域投资环境，提升县域承接能力，科学合理地选择承接行业，保障转移产业的平稳落地和可持续发展，增强产业承接绩效，实施"三区一基地"区域发展总体战略和主体功能区战略，从区域产业发展、生态环境保护、绩效评价激励三个方面，构筑县域经济高质量发展、区域经济优势互补、主体功能定位清晰、人与自然和谐共处的区域发展格局。

8.3.1 积极承接产业转移，加快区域产业可持续发展

产业是经济的主体与支撑，更是区域经济发展的支柱。河北省县级市和沿京津县域的因子分析结果显示，产业承接对县域地区生产总值、全社会用电量、出口总额、城乡居民储蓄存款余额的影响较大，是产业承接绩

效的重要组成部分。上述结果说明,产业的落地与可持续发展会直接促进区域经济增长、改善人民生活、提升经济活跃度和对外开放水平,进一步提高对外融资能力和引进外资能力,影响区域经济发展前景。鉴于此,河北省各县(市)应建立科学合理的承接产业转移的政策导向,既要注重资金引入,即积极承接产业转移,重视招商引资,实现产业的落地,又要注重产业培育,即产业落地后与本土企业的关联与整合,实现产业的可持续发展。

第一,各县(市)需要把产业承接与地区发展结合起来,县域政府在选择承接企业时,不能以投资规模作为引资的唯一标准,而应充分考虑转移企业与本地发展实际、发展优势的契合度,以及企业的创新能力、技术质量等要素,旨在承接对县域产业结构、生产技术、市场规模等有提升作用的企业,这为后续产业链有效整合、培养优势产业、提高创新能力、打造区域竞争力奠定基础。

第二,各县(市)通过财税优惠,从人力、土地、资本等要素方面予以支持,鼓励承接企业与本地企业相互融合,建立各类合作平台,有序推动产业创新发展,培育优势产业,发挥产业集聚效应,实现区域经济可持续、高质量发展。

第三,各县(市)强化医疗卫生、教育等社会保障事业,助力承接产业的可持续发展。首先,京津冀协同发展要求按照"严控增量、疏解存量、疏堵结合"方式稳步推进非首都功能疏解工作,部分教育、医疗卫生和社会公共服务功能通过整体转移、设立分支机构、合作举办等方式转移至河北,在此背景下,河北省县域通过推动当地教育卫生等社会保障事业发展,为首都教育和医疗资源的顺利落地和可持续发展提供支撑和保障,提升教育、医疗承接绩效。其次,2021年中央一号文件提出把县域作为城乡融合发展的重要切入点，县域产业承接推动了产业集聚，形成区域优势产业，提升县域就业吸纳能力，这不仅推动本地农民工在县域就业，更吸引外来优质人才和务工人员大量流入，对教育、医疗等公共服务需求增加，因此河北省县域加大对产业转移配套服务设施的投入与完善，通过新建或扩大原有设施规模，发展社会保障事业，解决供给不足，满足本地与外来人员的医疗保障、子女入学教育等问题，营造"愿意来、留得住"的良好环境，为承接企业的稳定发展提供保障。最后，各县（市）通过产业承接，提高自主创新能力，实现产业结构的调整。承接产业转移会对承接地劳动力发展产生较强的外部效应，即移入企业通过对新招的员工进行技术培训，以此实现企业对本地劳动力的教育投资，提升承接地劳动力素质，然而上述企业培训得以发挥最大效用的重要前提，是本地人口素质的提高。因此河北省县域通过增强当地教育医疗水平，提高当地人口的身体素质、文化素质和思想素质，这有助于产业承接后的企业技术培训取得理想的效果，改善县域人力资本状况，企业能够在本地找到技术熟练、成本适中的产业工人，这为县域技术创新培养和储备人才，为移入企业的可持续发展提供保障。

8.3.2 提高县域生态承载力

产业承接地在发展经济时应当兼顾地区生态承受能力。河北省县级市和沿京津县域的因子分析结果显示，以空气质量现状及改善指标为代表的生态承载力对河北省县域产业承接绩效影响较大，尤其是对河北省沿京津县域产业承接绩效影响更显著。因此，京津冀协同发展过程中，河北省县域在承接和发展产业时，明确环境约束对区域发展的影响，增强危机意识，树立绿色低碳发展理念，在产业结构优化和创新发展中实现节能减排,加快建立资源节约、环境友好的生产方式,避免走"先污染、后治理"的老路,通过改善生态环境,提高生态承载能力,实现县域产业承接与生态环境的耦合协调发展,提升产业承接综合绩效。

第一,杜绝污染型产业迁入。各地政府不能短视地采取以生态环境为代价获取经济快速发展的产业承接模式。京津冀协同发展中,面对各类型产业转移,河北省各县(市)应发挥调控作用,对转移企业进行严格审查,制定环保门槛,防止高消耗、高污染、低附加值的产业进入,积极承接技术密集型、清洁安全、高附加值的产业。

第二,对县域产业发展实施环境管制。各县(市)结合主体功能定位制定承接产业转移的环境政策,对区域内企业进行全面排查,严厉打击污染行为,对企业新设项目和投资进行科学规范的环境影响评价和能耗评估,根据县域发展实际采取合理的发展模式,在政府政策考核中加入生态环保考核目标。

第三,采取空间差异性发展路径。河北省各县(市)应根据本地生态承载力水平,在发展经济的同时,因地制宜采取环境管制措施。以上述因子分析结果为例,河北省沿京津的保定市和廊坊市两地下辖县级市生态承载力较强,冀中南的石家庄市、邢台市和邯郸市下辖县级市生态承载力较弱。对于生态承载力较弱的县域,应严格执行环保法规,明确产业承接标准,禁止污染型产业进入,并且对本地已有企业去粗取精,坚决关闭高污染产业,坚决调整和淘汰不利于生态环境建设的产业,不断提高能源利用效率。与此同时,这些县域还应加大技术性产业承接,促进本地产业转型升级。对于生态承载力较强的县域,应依托区位优势和地区资源优势,通过优化营商环境、提升投资环境和增强承接能力,大力承接与本地发展实际完美对接的产业,加快构建产业集群。与此同时,加大对区域内绿色产业投资，依托高校研发成果，激励自主创新，对集约节能成效显著的企业给予财政补贴、税收优惠等政策激励。并且积极与相邻县域合作发展，形成产业承接绿色发展示范区，构建低碳发展链条，带动周边县（市）产业承接和高质量发展，提高区域整体发展水平。

8.3.3 建立科学长效的绩效评价机制

科学客观评价生态承载力约束下产业承接绩效是深化京津冀协同发展，有效推动河北省县域产业承接的重要保障，绩效评价能及时发现产业转移和承接中存在的问题，对优化河北省营商环境，提升河北省县域投资环境，增强县域产业承接能力，提高县域产业承接综合水平具有重要作用。

第一，实现产业承接绩效评价主体多元化。绩效评价的全面性与客观性需要更多的社会力量参与产业承接绩效综合评价，因此，对生态承载力约束下河北省县域产业承接绩效进行评价时，不能仅仅由政府部门实施，应邀请更多的主体参与绩效评价每个环节，这些主体包括绩效管理专家、从事产业承接与发展的工作人员、转入企业法人代表、社会专业评价机构等个人和组织，这有利于绩效评价过程及结果的科学性、规范性、客观性与全面性。

第二，设置产业承接分阶段目标。绩效评价的目的是通过找出问题，提升绩效，最终实现组织目标。京津冀协同发展作为重要的国家战略，是一个长期作战、久久为功的系统工程，河北省县域产业承接时间跨度长、发展阶段性强，社会经济与生态环境的协调发展不是一蹴而就的，所以对产业承接综合绩效的评价，需要围绕经济发展、民生改善、生态环保等方面设置分阶段目标，进行分阶段评价，保证产业承接的高质量和可持续发展。

第三，构建绩效评价结果反馈制度。产业的承接与可持续发展是一个动态、复杂的过程，实时监测和动态管理能及时发现产业承接与发展过程中的相关问题，并进行有效的调整、弥补和改正，帮助承接地保持正确的承接方向和较高的承接绩效。因此，建立绩效评价结果反馈制度，把河北省县域产业承接各阶段绩效评价结果通过门户网站、办事平台等权威渠道向社会公开，重点分析存在的问题和困难，提出有效对策，激励产业承接绩效不断提升。

总之，县域产业承接与可持续发展是一个系统工程，既要促进经济良性发展，又不能以破坏生态环境为代价，这需要政府的宏观指导与有效调控，只有在科学发展理念下进行才能达到共赢，实现区域发展平衡。

参考文献

[1] DAVID PRICE.Carrying capacity reconsidered[J].Population and Environment, 1999, 21(1):5-27.

[2] IRMI.SEIDL, CLEM A TISDELL.Carrying capacity reconsidered:from Malthus' population theory to cultural carrying capacity[J].Ecological Economics, 1999, 38:395-408.

[3] 景跃军,陈英姿.关于资源承载力的研究综述及思考[J].中国人口·资源与环境, 2006, 16(5):11—14.

[4] DANG X H, LIU G B.Emergy measures of carrying capacity and sustainability of a target region for an ecological restoration programme:a case study in Loess Hilly Region, China[J].Journal of Environmental Management, 2012, 102:55-64.

[5] 李龙等.多功能视角下县域资源环境承载能力评价——以湖南省宁远县为例[J].生态经济, 2020, 36(8):146—153.

[6] 郭秀锐,毛显强,冉圣宏.国内环境承载力研究进展[J].中国人口·资源与环境, 2000, 10(3):28—30.

[7] 张保成,国锋.国内外水资源承载力研究综述[J].上海经济研究, 2006(10) 39—43.

[8] YANG LIU, HAO WANG, JIANHUA WANG, et al.Fuzzy comprehensive

evaluation of carrying capacity of water resources in Shanxi Province[J]. Applied Mechanics and Materials, 2014, 3488:53-57.

[9] LEI WU, XIAOLING SU, XIAOYI MA, YAN KANG, et al.Integrated modeling framework for evaluating and predicting the water resources carrying capacity in a continental river basin of Northwest China[J].Journal of Cleaner Production, 2018, 204:366-379.

[10] 方创琳等.市县土地生态—生产—生活承载力测度指标体系及核算[J]. 生态学报, 2017, 37(8):5198—5209.

[11] 靳相木, 李陈.土地承载力研究范式的变迁、分化及其综论[J].自然资源学报, 2018, 33(3):526—540.

[12] 严也舟, 成金华.重点矿业经济区矿产资源承载力评价[J].国土资源科技管理, 2014, 31(4):29—33.

[13] ABERNETHY V D.Carrying capacity:the tradition and policy implications of limits[J].Ethics in Science and Environmental Politics, 2001, 2001(1):9-18.

[14] EUGENE P.ODUM, GARY W.B.Fundamentals of Ecology(3rd ed)[M]. Philadelphia:W.B.Saunders Co., 1971.

[15] HUDAK A T.Rangeland mismanagement in South Africa:failure to apply ecological knowledge[J].Human Ecology, 1999, 27(1):55-78.

[16] 李金海.区域生态承载力与可持续发展[J].中国人口·资源与环境, 2001, 11(3):78—80.

[17] 覃盟琳, 吴承照.生态版图——城市生态承载力研究的新视角[J].城市规划学刊, 2011(2):43—48.

[18] LINYU XU, XIAODONG XIE.Theoretic research on the relevant concepts of urban ecosystem carrying capacity[J].Procedia Environmental

Sciences, 2012, 13:863−872.

[19] 王彦彭.我国生态承载力的综合评价与比较[J].统计与决策,2012(7):114—118.

[20] 曹智等.基于生态系统服务的生态承载力:概念、内涵与评估模型及应用[J].自然资源学报,2015,30(1):1—11.

[21] 夏函等.服务于"生态优先绿色发展"的生态承载能力监控预警机制研究[J].环境保护,2019,47(18):39—47.

[22] 李赟凯等."一带一路"地区生态承载力评估系统设计与实现[J].地理与地理信息科学,2020,36(2):47—53.

[23] KRAUSMANN F, HABERL H, ERB K H, WIESINGER M, GAUBE N, GINGRICH S.What determines geographical patterns of the global human appropriation of net primary production?[J].Journal of Land Use Science, 2009, 4(1):15−33.

[24] 张衍广,原艳梅.基于经验模态分解的中国生态足迹与生态承载力动力学预测[J].资源科学,2008(8):1212—1217.

[25] MOORE J, KISSINGER M, REES W E.An urban metabolism and ecological footprint assessment of Metro Vancouver[J].Journal of Environmental Management, 2013, 124:51−61.

[26] AGOSTINHO F, PEREIRA L.Support area as an indicator of environmental load:comparison between Embodied Energy, Ecological Footprint, and Emergy Accounting methods[J].Ecological Indicators, 2013, 24:494−503.

[27] 王维,张涛,王晓伟,文春生.长江经济带城市生态承载力时空格局研究[J].长江流域资源与环境,2017,26(12):1963—1971.

[28] 徐卫华等.区域生态承载力预警评估方法及案例研究[J].地理科学进展, 2017, 36(3):306—312.

[29] 裴鹰,杨俊,李冰心,李雪铭,葛雨婷.城市边缘区生态承载力时空分异研究——以甘井子区为例[J].生态学报, 2019, 39(5):1715—1724.

[30] 张学渊等.西北干旱区生态承载力监测及安全格局构建[J].自然资源学报, 2019, 34(11):2389—2402.

[31] SUSAN E.LEE, PETER BRAITHWAITE, JOANNE M.LEACH, CHRIS D.F.ROGERS.A comparison of energy systems in Birmingham, UK, with Masdar City, an embryonic city in Abu Dhabi Emirate[J].Renewable and Sustainable Energy Reviews, 2016, 65:1299−1309.

[32] 朱嘉伟,谢晓彤,李心慧.生态环境承载力评价研究——以河南省为例[J].生态学报, 2017, 37(21):39—47.

[33] 张津瑞,施国庆.长江中游城市群生态承载力差异的比较研究[J].长江流域资源与环境, 2020, 29(8):1694—1702.

[34] 张文彬,胡健,马艺鸣.支撑力和压力脱钩视角下中国生态承载力评价[J].经济地理, 2020, 40(2):181—188.

[35] Z.ZhANG, W.X.LU, Y.ZHAO, W.B.SONG.Development tendency analysis and evaluation of the water ecological carrying capacity in the Siping area of Jilin Province in China based on system dynamics and analytic hierarchy process[J].Ecological Modelling, 2014, 275:9 21.

[36] 田玲玲等.湖北省生态足迹和生态承载力时空动态研究[J].长江流域资源与环境, 2016, 25(2):316—325.

[37] DONG LIU, ZHIMING FENG, YANZHAO YANG, ZHEN YOU.Spatial patterns of ecological carrying capacity supply−demand balance in China at

county level[J].Journal of Geographical Sciences, 2011, 21(5):833-844.

[38] 刘东, 封志明, 杨艳昭. 基于生态足迹的中国生态承载力供需平衡分析[J]. 自然资源学报, 2012, 27(04):614—624.

[39] 李艳红, 楚新正, 金海龙. 新疆艾比湖地区生态足迹与生态承载力研究[J]. 地域研究与开发, 2006, 25(5):112—116.

[40] 李友辉, 董增川, 孔琼菊. 廖坊水利工程对抚河流域生态承载力的影响分析 [J]. 长江流域资源与环境, 2008(1):148—151.

[41] 刘晓荣, 曹方, 杜英, 马燕玲. 基于生态足迹模型的生态脆弱区生态承载力分析——以民勤绿洲为例 [J]. 干旱区资源与环境, 2010, 24(6):32—36.

[42] 贺成龙. 三峡工程的能值足迹与生态承载力 [J]. 自然资源学报, 2017, 32(2):329—34.

[43] TIANHONG Li, XIAOLING WEN.Local ecological footprint dynamics in the construction of the Three Gorges Dam[J].Resources, Conservation and Recycling, 2018, 132:314-323.

[44] KAMPENG LEI, DAN HU, ZHEN WAGN, et al.An analysis of ecological footprint trade and sustainable carrying capacity of the population in Macao[J]. International Journal of Sustainable Development & World Ecology, 2009, 16(2):127-136.

[45] HUIMING LIU.Comprehensive carrying capacity of the urban agglomeration in the Yangtze River Delta, China[J].Habitat International, 2012, 36(4):462-470.

[46] QIWEI GU, HONGQI WANG, YINAN ZHENG, et al.Ecological footprint analysis for urban agglomeration sustainability in the middle stream

of the Yangtze River[J].Ecological Modelling, 2015, 318:86−99.

[47] WENJUN PENG, XIAOMING WANG, et al.Sustainability evaluation based on the emergy ecological footprint method: A case study of Qingdao, China, from 2004 to 2014[J].Ecological Indicators, 2018, 85:1249−1261.

[48] 胡雪萍，梁玉磊.基于综合生态承载力的经济发展可持续性研究[J].统计与决策, 2015(10):119—124.

[49] 陆俐呐，葛察忠，林爱军，杨琦佳，李晓亮.基于生态足迹和生态承载力的湖北省利川市可持续发展研究[J].中国人口·资源与环境, 2016, 26(11):124—129.

[50] 黄娟，汪明进，孙坤鑫.经济集聚、生态承载力与环境质量[J].中国流通经济, 2016, 30(11):58—65.

[51] 朱文娟，关潇，肖能文，高晓奇，陈彦君，臧春鑫.基于生态足迹分析的泰顺县可持续发展状况研究[J].生态经济, 2019, 35(8):57—60.

[52] 郗希，乔元波，武康平，李超.可持续发展视角下的城镇化与都市化抉择——基于国际生态足迹面板数据实证研究[J].中国人口·资源与环境, 2015, 25(2):47—56.

[53] 史安娜，林基泳，李淼.基于水资源生态足迹的淮河流域发展模式研究[J].东南大学学报(哲学社会科学版), 2014, 16(3):44—48+135.

[54] 曹永辉.生态承载力持续承载下的经济发展模式研究[J].生态经济, 2013(10):61—64|80.

[55] 张爱儒，韩雪，张继泽.基于生态承载力的三江源生态功能区产业生态化模式选择[J].青海民族研究, 2020, 31(2):51—58.

[56] 邬娜，傅泽强，谢园园，沈鹏，高宝，李林子.基于生态承载力的产业布局优化研究进展述评[J].生态经济, 2015, 31(5):21—25.

[57] 秦艳.广西区域产业发展、经济增长与生态环境关系研究——基于能源足迹的分析[J].广西社会科学, 2015, 236(2):15—20.

[58] 胡世伟,汪东亮.基于生态足迹理论的休闲农业发展驱动因子分析[J].中国农业资源与区划, 2018, 39(5):219—223.

[59] 何晓瑶.基于生态承载力的河套地区农业生态环境可持续发展评价[J].中国农业资源与区划, 2020, 41(6):130—137.

[60] 曹院平.基于生态足迹模型的广西农业可持续发展评价[J].中国农业资源与区划, 2020, 41(5):35—42.

[61] 王保利,李永宏.基于旅游生态足迹模型的西安市旅游可持续发展评估[J].生态学报, 2007, 27(11):4777—4784.

[62] 吴毅.基于改进旅游生态足迹模型研究生态旅游可持续发展能值评价[J].重庆理工大学学报(自然科学), 2019, 33(10):212—218.

[63] 汪勇.基于生态足迹理论的交通结构优化[J].公路工程, 2018, 43(5):79—84.

[64] 章玉,黄承锋,许茂增.考虑生态足迹和可持续的公共交通最优补贴策略[J].交通运输系统工程与信息, 2016, 16(2):8—13.

[65] 叶菁,谢巧巧,谭宁焱.基于生态承载力的国土空间开发布局方法研究[J].农业工程学报, 2017, 33(11):262—271.

[66] 李俊杰.投资环境研究述评[J].人文地理, 2004, 19(5):34—39.

[67] ROBERT.B.STOBAUGH.How to analyze foreign investment climates[J]. Harvard Business Review, 1969, 47(5):100−108.

[68] 崔宏凯.中国区域投资环境评价研究[D].哈尔滨:东北林业大学, 2010.

[69] DAVID WHEELER, ASHOKA MODY.International investment location decision:the case of U.S. firms[J].Journal of International Economics, 1992, 33:57−76.

[70] 张碧琼，田晓明. 中国对外直接投资环境评估：综合评分法及应用 [J]. 财贸经济，2012(2):73—80.

[71] RICHARD FLORIDA, MARTIN KENNEY.Restructuring in place:Japanese investment, production organization, and the geography of steel[J].Economic Geography, 1992, 68(2):146-173.

[72] RICHARD FLORIDA, MARTIN KENNEY.The globalization of Japanese R&D:the economic geography of Japanese R&D investment in the United States[J].Economic Geography, 1994, 70(4):344-369.

[73] 王慧炯等. 中国的投资环境 [M]. 北京：京港学术交流中心，1987.

[74] 张敦富. 中国投资环境 [M]. 北京：化学工业出版社，1993.

[75] 文余源，胡鹏. 多种评价方法在投资环境评价中的综合应用 [J]. 经济地理，2002(4):390—393.

[76] 王元京，叶剑峰. 国内外投资环境指标体系的比较 [J]. 经济理论与经济管理，2003(7):14—21.

[77] 张建平，朱延福. 论投资环境的公共产品属性 [J]. 湖北大学学报（哲学社会科学版），2012, 39(5):133—136.

[78] 柳帅. 基于因子分析法的区域投资环境影响因素分析 [J]. 湖南社会科学，2012(4):171—174.

[79] 柳文炜，段万春. 招商引资区域投资环境的关键影响要素识别方法——以昆明市西山区为例 [J]. 云南民族大学学报（哲学社会科学版），2013, 30(3):96—102.

[80] 刘穷志. 税收竞争、资本外流与投资环境改善——经济增长与收入公平分配并行路径研究 [J]. 经济研究，2017, 52(3):61—75.

[81] 吴白乙，史沛然. 社会安全与贸易投资环境：现有研究与新可能性 [J].

国际经济评论, 2015(3):79—95+6.

[82] 程艳. 流通厂商投资环境的制度约束分析 [J]. 社会科学战线, 2015(9): 45—53.

[83] 黎玲君, 陈瑛, 周进. 中国对金砖国家直接投资效益与投资环境时空耦合分析 [J]. 世界地理研究, 2019, 28(4):55—64.

[84] 刘军荣. 经济波动对投资环境的影响研究 [J]. 统计与决策, 2019, 35(22): 163—166.

[85] 谢守红, 甘晨, 王庆. 非洲国家投资环境综合评价及空间差异分析 [J]. 经济地理, 2017, 37(8):10—16.

[86] 王春丽. "一带一路"重要节点：南亚区域市场的投资环境与拓展对策 [J]. 东南学术, 2018(1):184—192.

[87] 谢国娥, 许瑶佳, 杨逢珉. "一带一路"背景下东南亚、中东欧国家投资环境比较研究 [J]. 世界经济研究, 2018(11):89—98+137.

[88] 刘军荣. 跨喜马拉雅地区投资环境指数估算以及对INFDI的影响——基于对该地区五个主要经济体的实证分析 [J]. 贵州财经大学学报, 2018, 197(6):26—35.

[89] 黄德春等. 中国对湄公河流域国家OFDI的出口效应研究——基于东道国投资环境的影响 [J]. 广西社会科学, 2019(1):58—64.

[90] 夏昕鸣等. "一带一路"沿线国家投资环境评价 [J]. 经济地理, 2020, 40(1):21—33.

[91] 文巍, 吴昊. "一带一路"背景下阿拉伯国家投资环境研究 [J]. 阿拉伯世界研究, 2020(5):85—106+159.

[92] 刘海飞, 许金涛. 基于改进主成分的省域投资环境竞争力评价指标体系研究 [J]. 经济问题, 2017(3):12—18.

[93] 莫莎, 柳杰, 刘志宇. 我国省际绿色公共投资环境绩效时空差异研究——基于投影寻踪模型的分析 [J]. 商业研究, 2015(10):46—53.

[94] 张钟学, 卞爱莲. 中国各省投资环境的空间动态的面板数据分析 [J]. 四川大学学报(哲学社会科学版), 2011, 173(2):75—83.

[95] 曹曼丽. 东北三省城市工业投资环境分析 [J]. 中国人口、资源与环境, 2011, 21(S2):33—35.

[96] 张小青. 基于组合评价法的中国区域投资环境评价研究 [D]. 武汉: 华中农业大学, 2011.

[97] 宋万杰, 陆相林, 王显成. 河北省投资环境竞争力评价 [J]. 统计与决策, 2016(10):103—105.

[98] 马国强, 张晓曦. 我国区域投资环境指标体系的构建及应用——海南与发达省市投资环境简要比较 [J]. 海南大学学报(人文社会科学版), 2013, 31(1):111—117.

[99] 倪琳, 邓宏兵, 姚婷婷. 湖北省现代服务业投资环境竞争力评价及对策研究 [J]. 科技管理研究, 2015, 35(20):56—61.

[100] 寻舸. 湖南软实力与投资环境优化研究 [J]. 湘潭大学学报(哲学社会科学版), 2011, 35(5):91—99.

[101] 胡鞍钢, 马伟, 王一丁, 童旭光. 青海省投资环境研究 [J]. 青海社会科学, 2010(3):18—22.

[102] 喻婷. 中部地区主要城市投资环境评价与分析 [J]. 工业技术经济, 2010, 29(3):26—31.

[103] 黎熙元, 杜薇, 余文娟. 港澳资企业对珠三角城市投资环境的评价——基于2010年问卷调查数据的实证分析 [J]. 亚太经济, 2012(4):136—141.

[104] 彭赞文, 张立杰. 珠江——西江经济带主要城市投资环境评价研究 [J].

广西社会科学, 2015, 239(5):84—87.

[105] 韩金红, 潘莹. "一带一路"沿线城市投资环境评价 [J]. 统计与决策, 2018, 34(20):122—125.

[106] 姚婷婷, 邓宏兵, 陈虎群. 湖北省县域投资环境差异及时空演变特征研究 [J]. 统计与决策, 2015(20):89—93.

[107] 李勇, 李俊民. 基于主成分分析法的周口市各县投资环境综合评价 [J]. 安徽农业科学, 2011, 39(3):1612—1614.

[108] 汪峰. 湖北县域投资环境评价与空间差异分析 [J]. 商业时代, 2010(11):131—132.

[109] 王乐平. 赤松要及其经济理论 [J]. 日本问题, 1990(3):117—126.

[110] VERNON RAYMOND. International investment and international trade in the product cycle[J]. The Quarterly Journal of Economics, 1966, 80(2):190−207.

[111] KIYOSHI KOJIMA. Direct foreign investment: a Japanese model of multinational business operations[M]. London: Croom Helm, 1978.

[112] JOHN H. DUNNING. Trade, location of economic activity and the MNE: a Search for an eclectic approach[J]. The International Allocation of Economic Activity, 1977, 1023:395−418.

[113] JOHN H. DUNNING. International production and the multinational enterprise[M], Australia: Allen and Unwin, 1981.

[114] B. OHLIN, P.O. HESSELBOM, P.J. WIJKMAN. The international allocation of economic activity[M]. New York: Holmes & Meier Publishers, Inc., 1977.

[115] 展宝卫. 产业转移承接力建设概论 [M]. 济南: 泰山出版社, 2006.

[116] 迈克尔·波特.竞争优势[M].陈丽芳,译.北京:中信出版社,2014.

[117] 王国红,刘颖,唐丽艳.基于区域承载力的产业集成影响因素分析[J].科学学与科学技术管理,2008(11):66—70.

[118] 唐运舒,冯南平,高登榜,杨善林.产业转移类型与承接地环境的耦合分析——基于泛长三角制造业的经验证据[J].产经评论,2014,5(6):72—81.

[119] 曹薇,邱荣燕.金融发展、资源禀赋与区域承接产业转移的门槛效应分析[J].华东经济管理,2017,31(4):121—127.

[120] 贾兴梅,刘俊杰.中西部地区承接产业转移的影响因素研究[J].地域研究与开发,2015,34(1):14—18.

[121] 张冬梅.提升西部地区产业承接能力研究[J].现代经济探讨,2008(10):56—58.

[122] 陈飞.西部地区承接产业转移的影响因素及效应研究[D].北京:中国农业大学,2013.

[123] 肖雁飞,廖双红,刘友金.资源和环境约束下中部地区经济可持续能力研究:理论与指标——基于承接沿海产业转移的角度[J].湖南科技大学学报(自然科学版),2011,26(3):119—124.

[124] 李美娟.云南承接东部产业转移的条件和能力研究[J].资源开发与市场,2013,29(1):68—71+84.

[125] 王满四,黄言生.欠发达地区承接产业转移的关键影响因素研究——以江西省赣州市为例[J].对外经济贸易大学学报,2012(2):96—104.

[126] 邓水兰,刘志康.赣州市承接产业转移的影响因素及对策[J].企业经济,2015(6):161—165.

[127] 周博,李海绒.西部地区中等城市产业承接力培育研究[J].经济纵横,

2015(11):83—86.

[128] 徐磊,李璐,董捷,张俊峰.产业承接力与土地集约利用水平的动态计量经济分析——以武汉、长沙和南昌为例[J].地理与地理信息科学,2017,33(5):106—111.

[129] 邵建平,苏小敏,张永.西部自我发展能力提升对策研究——基于比较优势承接东部产业转移的视角[J].科技进步与对策,2012,29(6):44—47.

[130] 马涛,李东,杨建华,瞿相如.地区分工差距的度量:产业转移承接能力评价的视角[J].管理世界,2009(9):168—169.

[131] 苏华,胡田田,黄麟堡.中国各区域产业承接能力的评价[J].统计与决策,2011(5):41—43.

[132] 高云虹,梁志杰.基于因子分析的中西部地区产业承接能力评价[J].科学、经济、社会,2013,31(4):65—68+74.

[133] 刘川,宋晓明.中西部地区承接东部高技术产业转移能力评价——基于省级面板数据的实证分析[J].企业经济,2014(2):150—155.

[134] 罗哲,邓生菊,关兵.西部地区承接产业转移的能力分析与规模测度[J].甘肃社会科学,2012(6):90—94.

[135] 刘明,王霞,金亚亚.西部地区承接制造业转移能力评价及承接策略[J].统计与信息论坛,2020,35(8):91—101.

[136] 肖雁飞,万子捷,廖双红.中部地区承接沿海产业转移现状及综合能力测度[J].经济问题探索,2014(1):46—51.

[137] 梁曦文,罗逸伦,彭迪云.中部地区产业承接能力的综合评价[J].金融与经济,2020(7):91—96.

[138] 惠调艳,胡新,马莉.陕西软件的产业转移承接能力研究[J].中国科技

论坛, 2010(4):77—83.

[139] 刘邦凡, 彭建交, 王燕. 提升河北承接京津产业转移能力的政策建议 [J]. 中国行政管理, 2015, 357(3):156—159.

[140] 吕国清. 产业转移背景下广西物流承接能力评价——基于因子分析和模糊物元法 [J]. 商业经济研究, 2016(10):78—80.

[141] 孙莉, 吕斌, 周兰兰. 中国城市承载力区域差异研究 [J]. 城市发展研究, 2009, 16(3):7—11.

[142] 段小薇等. 中部六大城市群产业转移综合承接能力评价研究 [J]. 地理科学, 2016, 36(5):681—690.

[143] 付德申, 向丽. 城市群产业承接能力与生态环境耦合协调发展研究 [J]. 商业研究, 2017(2):177—184.

[144] 孙威, 李文会, 林晓娜, 王志强. 长江经济带分地市承接产业转移能力研究 [J]. 地理科学进展, 2015, 34(11):1470—1478.

[145] 吴传清, 陈晓. 长江中上游地区产业转移承接能力研究 [J]. 经济与管理, 2017, 31(5):49—57.

[146] 张可云, 沈洁. 生态约束下的京津冀地区非首都功能疏解承接能力评价 [J]. 河北学刊, 2017, 37(3):131—138.

[147] 赵宏波, 苗长虹, 冯渊博, 李苛. 河南省产业转移承接力时空格局与优化路径分析 [J]. 经济地理, 2017, 37(12):112—120.

[148] 陈湘满, 刘海燕. 基于因子分析的湖南承接产业转移能力评价 [J]. 湘潭大学学报(哲学社会科学版), 2013, 37(5):48—51.

[149] 陈亮, 贺正楚. 产业转移的承接特征及产业转移的承接力评价: 以湖南为例 [J]. 社会科学家, 2019, 272(12):60—69.

[150] 周博, 李海绒. 陕西省中等城市产业承接力评价与分析 [J]. 山东社会

科学,2015(S2):100—101.

[151] 何有世,秦勇.离岸软件外包中江苏四城市承接能力的综合评价[J].软科学,2009,23(12):86—90+95.

[152] 陈凤桂,张虹鸥,吴旗韬,叶玉瑶.产业承接地评价模型及应用研究——以广东省为例[J].热带地理,2010,30(6):638—643.

[153] 杨猛.环首都经济圈产业承接力研究——以河北省滦平县为例[D].天津:河北工业大学,2013.

[154] 吴建民,丁疆辉,王新宇.县域产业承接力的综合测评与空间格局分析——基于京津冀产业转移的视角[J].地理与地理信息科学,2017,33(2):75—80.

[155] 张峰,薛惠锋,董会忠.黄河三角洲高效生态经济区承接产业转移潜力时空演化特征分析[J].统计与信息论坛,2020,35(7):101—113.

[156] 谢庆华.后发展区域产业园建设后发优势与承接力研究[D].西安:西北工业大学,2018.

[157] 高云虹,任建辉,周岩.中西部地区产业承接的重点行业选择——基于商务成本的视角[J].财经科学,2013(11):84—92.

[158] 仇怡,文红艳.基于AHP的中部地区承接沿海产业转移优势行业选择研究[J].湖南科技大学学报(社会科学版),2013,16(1):121—127.

[159] 贺清云,蒋菁,何海兵.中国中部地区承接产业转移的行业选择[J].经济地理,2010,30(6):960—964+997.

[160] 黄钟仪,吴良亚,马斌.西部承接东部产业转移的产业选择研究——以重庆为例[J].科技管理研究,2009,29(8):182—184.

[161] 姜霞.我国产业转移新趋势与湖北承接行业选择实证研究[J].科技进步与对策,2015,32(11):50—54.

[162] 高云虹, 王美昌. 中西部地区产业承接的重点行业选择 [J]. 经济问题探索, 2012(5):131—136.

[163] 贺曲夫, 刘友金. 基于产业梯度的中部六省承接东南沿海产业转移之重点研究 [J]. 湘潭大学学报(哲学社会科学版), 2011, 35(5):71—75.

[164] 薛漫天, 何玉梅. 内陆省市承接沿海外向型产业转移的行业选择——基于外向型产业梯度的研究 [J]. 国际经贸探索, 2012, 28(7):59—66.

[165] 张卫国, 祝言抒, 李华. 重庆市承接东部工业产业转移的产业选择实证分析 [J]. 科技与管理, 2009, 11(5):21—24.

[166] 曹颖轶, 娜娜. 产业转移新趋势下甘肃省承接产业选择研究 [J]. 西北民族大学学报(哲学社会科学版), 2010(5):102—106.

[167] 李然, 马萌. 京津冀产业转移的行业选择及布局优化 [J]. 经济问题, 2016(1):124—129.

[168] 赵晓军等. 大湘南示范区承接转移的产业选择 [J]. 经济地理, 2013, 33(12):130—134.

[169] 李晖, 王莎莎. 基于 TOPSIS 模型评价承接产业转移的实证研究 [J]. 系统工程, 2010, 28(8):64—69.

[170] 高登榜. 产业转移中的主导产业选择与承接模式研究 [D]. 合肥: 合肥工业大学, 2013.

[171] 李新安. 中部制造业承接产业转移实施产业链整合的优势行业选择 [J]. 经济经纬, 2013(2):77—82.

[172] 郭进, 徐盈之. 基于生态承载力的区际产业转移研究——以长三角与皖江城市带为例 [J]. 城市发展研究, 2014, 21(9):77—83.

[173] 邓仲良, 张可云. 北京非首都功能中制造业的疏解承接地研究 [J]. 经济地理, 2016, 36(9):94—102.

[174] 黄海峰,葛林,王美昌.欠发达地区产业承接的重点行业选择[J].经济问题探索,2014(11):60—66.

[175] 郝洁.产业转移效应的理论探析[J].商业研究,2013,431(3):12—19.

[176] 郝洁.产业转移承接地效应的理论分析[J].中国流通经济,2013,27(1):60—67.

[177] 方慧.中国承接服务业国际转移的经济效应研究[M].北京:中国人民大学出版社,2015.

[178] 王建平,刘彬.国际产业转移的模式与效应分析[J].管理现代化,2013(3):24—26.

[179] 高云虹,周岩,杨晓峰.基于区域协调发展的产业转移效应:一个研究综述[J].兰州学刊,2013(12):142—145.

[180] 李真.国际产业转移机理与衍生效应研究——一个基于贸易角度的政治经济学模型分析[J].当代经济研究,2011(6):82—88.

[181] 雒海潮,苗长虹.承接产业转移影响因素和效应研究进展[J].地理科学,2019,39(3):359—366.

[182] 胡伟,张玉杰.中西部承接产业转移的成效——基于地理信息系统的空间分析方法[J].当代财经,2015,363(2):97—105.

[183] 王成军,刘芳,王德应.产业转移与区域创新的乘积效应对经济增长影响的实证研究——以"合芜蚌新区"为例[J].经济体制改革,2014(6):42—46.

[184] 戴志敏,罗琴.产业转移承接效率对经济增长的门槛效应研究——以江西省为例[J].武汉金融,2018(1):79—84.

[185] 韦鸿,王凯,陈凡.承接产业转移示范区政策的经济效应评价[J].统计与决策,2019,35(23):123—127.

[186] 周伟.京津冀产业转移效应研究——基于河北技术溢出、产业集聚和产业升级视角 [J].河北学刊, 2018, 38(6):172—179.

[187] SUYANTO, RUHUL SALIM.Foreign direct investment spillovers and technical efficiency in the Indonesian pharmaceutical sector:firm level evidence[J].Applied Economics, 2013, 45(3):383-395.

[188] JINDRA B, GIROUD A, SCOTT-KINNEL J.Subsidiary roles, vertical linkages and economic development:lessons from transition economies[J]. Journal of World Business, 2008, 44(2):167-179.

[189] 马永红,李玲,王展昭,张帆.复杂网络下产业转移与区域技术创新扩散影响关系研究——以技术类型为调节变量 [J].科技进步与对策, 2016, 33(18):35—41.

[190] 马永红,张帆,苏鑫.基于区际产业转移视角的欠发达地区企业技术创新能力提升路径研究 [J].科技进步与对策, 2015, 32(21):120—125.

[191] 刘绍坚.承接国际软件外包的技术外溢效应研究 [J].经济研究, 2008(5):105—115.

[192] 刘亚婕,董锋.产业转移推动地区技术进步了吗?[J].产经评论, 2020, 11(1):96—106.

[193] 郑重阳,贺培科.去工业化、技术差距与产业转移的技术溢出效应 [J]. 贵州财经大学学报, 2020, 205(2):1—11.

[194] 陶长琪,彭永樟,李富强.产业梯度转移促进技术势能集聚的驱动机制与空间效应 [J].中国软科学, 2019(11):17—30.

[195] 刘满凤,黄倩,黄珍珍.区际产业转移中的技术和环境双溢出效应分析——来自中部六省的经验验证 [J].华东经济管理, 2017, 31(3):60—68.

[196] 关爱萍,陈超.区际产业转移对承接地行业内技术溢出效应的联动研

究——以甘肃省为例[J].软科学,2015,29(1):87—91.

[197] 王恒玉,熊兴,白霞祖.西部地区承接国际产业转移的知识溢出效应研究——以甘肃省为例[J].西北民族大学学报(哲学社会科学版),2014(3):125—130.

[198] 郎永峰,任志成.承接国际服务外包的技术溢出效应研究——基于服务外包基地城市软件行业的实证分析[J].国际商务研究,2011,32(5):3—8+73.

[199] 方慧,吕静,段国蕊.中国承接服务业国际转移产业结构升级效应的实证研究[J].世界经济研究,2012(6):58—63+88-89.

[200] 李睿.国际产业转移的趋势、优化效应及我国对策[J].特区经济,2011(10):81—84.

[201] 江三良,刘宗普.国内地区间产业转移效应研究——对转入地不同规模企业的影响差异分析[J].产经评论,2014,5(4):27—35.

[202] 杨国才,李齐.中西部承接产业转移的结构变迁效应与产城融合路径[J].江西社会科学,2016,36(3):59—66.

[203] 郭海霞.资源型地区承接国际产业转移的产业结构效应研究——以山西省为例[J].经济问题,2017(3):111—116.

[204] 魏博通.江西承接沿海产业转移的识别与结构效应分析[J].统计与决策,2012(21):149—151.

[205] 邹晓涓.产业转移和承接中的环境问题研究[J].武汉理工大学学报(社会科学版),2015,28(1):76—81.

[206] 周柯,郭晓梦,高洁.协调推进产业转移与生态文明建设[J].宏观经济管理,2013(11):62—63.

[207] 何龙斌.西部地区承接产业转移的生态困境与出路[J].经济纵横,

2010(7):65—68.

[208] 胥留德. 后发地区承接产业转移对环境影响的几种类型及其防范 [J]. 经济问题探索, 2010(6):36—39.

[209] 陈景华. 区域产业转移对环境质量影响的机理分析 [J]. 东南学术, 2019(1):123—130.

[210] 邓丽. 基于生态文明视角的承接产业转移模式探索 [J]. 吉林大学社会科学学报, 2012, 52(5):106—111.

[211] 钟劲松. 产业转移视角下我国中西部地区生态循环经济发展问题研究 [J]. 经济问题探索, 2011(3):153—156.

[212] 羊绍武, 黄金辉. 低碳经济约束下中国承接国际产业转移的现实路径 [J]. 西南民族大学学报(人文社科版), 2010, 31(7):200—203.

[213] 李斌. 中西部地区承接产业转移的环境风险及防控对策 [J]. 中州学刊, 2015, 226(10):38—42.

[214] 张望. 国际服务外包、承接国技术进步与环境污染——基于技术外溢视角分析 [J]. 首都经济贸易大学学报, 2010, 12(5):26—35.

[215] 李梦洁, 杜威剑. 产业转移对承接地与转出地的环境影响研究——基于皖江城市带承接产业转移示范区的分析 [J]. 产经评论, 2014, 5(5):38—47.

[216] 任雪萍, 潘星星, 万伦来. 皖江城市带承接产业转移的生态环境效应研究 [J]. 江淮论坛, 2015(6).55—61.

[217] 梁树广. 承接产业转移的环境效应及其区域差异的实证研究——以山东省为例 [J]. 北京交通大学学报(社会科学版), 2016, 15(4):18—26.

[218] 陈凡, 周民良. 国家级承接产业转移示范区是否加剧了地区环境污染 [J]. 山西财经大学学报, 2019, 41(10):42—54.

[219] JUDITH M.DEAN, Mary E.LOVELY, HUA WANG.Are foreign investors attracted to weak environmental regulations? Evaluating the evidence from China[J].Journal of Dev-elopment Economics, 2008, 90(1):1-13.

[220] JENNIFER HOLDWAY.Environment and health in China:an introduction to an emerging research field[J]. Journal of Contemporary China, 2010, 19(63): 1-22.

[221] 王艳红,段雪梅.西部地区承接国际产业转移的低碳发展机制与路径研究[J].生态经济, 2017, 33(5): 118—121.

[222] 董琨, 白彬.中国区域间产业转移的污染天堂效应检验[J].中国人口·资源与环境, 2015, 25(11): 46—50.

[223] 张颖,张莉.中国省际污染产业转移对环境效率的影响研究[J].统计与决策, 2017(20):125—129.

[224] 孔凡斌, 李华旭.长江经济带产业梯度转移及其环境效应分析——基于沿江地区11个省(市)2006—2015年统计数据[J].贵州社会科学, 2017, 333(9): 87—93.

[225] 吴传清,黄磊.承接产业转移对长江经济带中上游地区生态效率的影响研究[J].武汉大学学报(哲学社会科学版), 2017, 70(5): 78—85.

[226] 常静, 赵凌云.中部地区承接产业转移的环境效应的实证检验[J].统计与决策, 2015, 438(18): 139—141.

[227] 孔凡斌,许正松,胡俊.经济增长、承接产业转移与环境污染的关系研究——基于江西省1989年—2012年统计数据的实证[J].经济经纬, 2017, 34(2): 25—30.

[228] 张峰,薛惠锋,宋晓娜.国家高效生态经济战略区承接产业转移能否

兼顾环境效益?[J]. 经济体制改革, 2020(3):181—186.

[229] 王建民等. 皖江城市带承接产业转移示范区低碳发展效应分析 [J]. 地域研究与开发, 2019, 38(2):50—54.

[230] 袁红林, 辛娜, 邓宏亮. 承接产业转移能兼顾经济增长和环境保护吗?——来自江西省的经验证据 [J]. 江西社会科学, 2018, 38(7):66—74.

[231] 曹翔, 傅京燕. 污染产业转移能够兼顾经济增长和环境保护吗?——来自广东省的经验证据 [J]. 广东社会科学, 2016(5):33—42.

[232] 任志成, 张二震. 承接国际服务外包的就业效应 [J]. 财贸经济, 2008(6): 62—66.

[233] 孙文杰. 承接国际外包、价值链升级与我国高技能劳动力就业——基于工业行业的面板门槛模型 [J]. 产业经济研究, 2013(5):74—83.

[234] 李占国, 符磊, 江心英. 承接国际外包与国内就业——基于中国 28 个行业面板数据的实证研究 [J]. 山西财经大学学报, 2014, 36(2):27—36.

[235] 魏君英. 国际软件服务承接对我国就业影响的实证研究 [J]. 管理现代化, 2014(2):44—46.

[236] 张志明. 离岸服务外包、承接国异质性与中国制造业异质劳动力就业——基于行业面板数据的经验研究 [J]. 世界经济研究, 2016(10):100-110+136—137.

[237] 彭继增, 罗扬, 邓伟, 黄昕. 产业转移、专业市场与特色城镇化的协调发展评价 [J]. 经济地理, 2013, 33(12):54—60.

[238] 王珍珍. 产业转移、农村居民收入对城镇化水平的影响 [J]. 城市问题, 2017, 261(4):20—25.

[239] 颜银根, 王光丽. 劳动力回流、产业承接与中西部地区城镇化 [J]. 财经研究, 2020, 46(2):82—95.

[240] 孙浩进.东亚国际产业转移中的区域福利效应比较研究[J].世界经济与政治论坛,2013(6):52—66.

[241] 孙浩进,陈耀.我国产业转移的区域福利效应研究——演化经济学视角[J].经济管理,2013,515(11):24—35.

[242] 孙浩进.中国产业转移中区域福利效应的实证研究[J].山东社会科学,2015,233(1):148—154.

[243] 严运楼.产业转移的区域福利效应分析——以安徽省为例[J].经济体制改革,2017(5):55—60.

[244] 邓阳.京津冀流通产业疏解转移与企业及区域福利效应提升研究[J].现代城市研究,2020(3):121—127.

[245] 陈景华.承接服务业跨国转移的效应分析——理论与实证[J].世界经济研究,2010,191(1):76—82.

[246] 杨敏,安增军.海峡两岸产业转移效应评价原理及方法研究[J].东南学术,2012(4):84—102.

[247] 安增军,杨敏.海峡两岸产业转移效应评价模型构建及实证研究[J].东南学术,2013(3):109—115.

[248] 叶琪.我国区域产业转移的协调效应及发展趋势[J].当代经济管理,2014,36(1):66—71.

[249] 程李梅,陈聪,庄晋财.西部地区承接东部产业转移绩效分析[J].中国科技论坛,2014(12):87—91.

[250] 李然,罗俊.京津冀产业转移评价体系研究[J].江西社会科学,2016,36(3):67—74.

[251] 张新芝,曾雨菲,李小红.制造业产业转移驱动产城融合发展的评价研究[J].江西社会科学,2020,40(2):105—115.

[252] 李志翠. 我国西部地区承接区际产业转移的效应研究 [D]. 北京：中央财经大学, 2015.

[253] 邱小云, 彭迪云. 赣闽粤原中央苏区承接产业转移影响因素分析——基于"承接产业转移钻石模型"的视角 [J]. 学术论坛, 2015, 38(12):29—34.

[254] 程杰. 河南省承接产业转移的绩效分析 [J]. 河南社会科学, 2013, 21(2):100—103.

[255] 唐树伶. 京津冀协同发展背景下河北省产业承接效应 [J]. 中国流通经济, 2016, 30(6):40—45.

[256] 李向阳. 山西省产业承接效应及其影响因素研究 [D]. 太原：山西财经大学, 2017.

[257] 吴汉贤, 邝国良. 广东产业转移动因及效应研究 [J]. 科技管理研究, 2010, 30(15):68—71+8.

[258] 任莉. 中国西部地区承接国际产业转移效应研究 [D]. 北京：中央财经大学, 2017.

[259] 陈万旭, 李江风, 朱丽君. 中部地区承接国际产业转移效率及驱动机理研究——基于超效率 DEA 模型和面板回归分析 [J]. 长江流域资源与环境, 2017, 26(7):973—982.

[260] 孙雷. 皖江城市带承接产业转移示范区经济—社会—环境协调发展研究 [D]. 合肥：中国科学技术大学, 2020.

[261] 尹政平, 张琼. 县域承接产业转移有效性的实证分析 [J]. 科技管理研究, 2012, 32(14):116—118.

[262] 雷令文. 广西北流市承接产业转移的绩效提升途径分析 [J]. 宏观经济管理, 2012(2)79—80.

[263] 崔长彬,张正河.河北省县域经济增长空间分异与趋同研究[M].北京:中国农业大学出版社,2015.

[264] 张京祥,崔功豪.新时期县域规划的基本理念[J].城市规划,2000,24(9):47—50.

[265] 张贵等.生态系统视角下京津冀产业转移对接研究[J].中共天津市委党校学报,2014(4):105—112.

[266] 毛永文.生态环境影响评价概论[M].北京:中国环境科学出版社,1998.

[267] 高吉喜.可持续发展理论探索——生态承载力理论、方法与应用[M].北京:中国环境科学出版社,2001.

[268] 王小鲁,樊纲,胡李鹏.中国分省份市场化指数报告(2018)[M].北京:社会科学文献出版社,2019.

[269] 北京师范大学政府管理研究院,江西师范大学管理决策评价研究中心.2018中国地方政府效率研究报告[M].北京:科学出版社,2019.

[270] CHANDAN SHARMA.Determinants of PPP in infrastructure in developing economies[J].Transforming Government:People, Process and Policy, 2012, 6(2):149-166.

[271] 王雨飞,张睿嘉,王光辉.营商环境、"五通"合作与亚欧国家经济增长[J].中国行政管理,2020(9):114—120.

[272] 张大海,祝志川.因子分析与熵值法下我国营商环境评价[J].财会月刊,2019(18):124—130.

[273] 彭迪云,陈波,刘志佳.区域营商环境评价指标体系的构建与应用——以长江经济带为例[J].金融与经济,2019(5):49—55.

[274] 陈继勇,陈大波.贸易开放度、经济自由度与经济增长——基于中国与"一带一路"沿线国家的分析[J].武汉大学学报(哲学社会科学版),

2017, 70(3):46—57.

[275] 姜安印."一带一路"建设中国发展经验的互鉴性——以基础设施建设为例 [J]. 中国流通经济, 2015, 29(12):84—90.

[276] 张松."一带一路"沿线国家营商环境 [J]. 经济研究参考, 2017(15): 148—159.

[277] 于文超, 梁平汉. 不确定性、营商环境与民营企业经营活力 [J]. 中国工业经济, 2019(11):136—154.

[278] 吕鹏, 刘学. 如何提升市场信心：企业家能力与营商环境获得感的效应分析 [J]. 社会学评论, 2020, 8(5):61—73.

[279] 吕志鹏, 王红云, 赵彦云. 经济开放度的测算与国际比较 [J]. 国际贸易问题, 2015(1):14—24.

[280] 李颖. 我国东西部省份经济开放度与经济增长关系的实证检验 [J]. 统计与决策, 2016(22):133—135.

[281] 张杰, 周晓艳, 李勇. 要素市场扭曲抑制了中国企业 R & D?[J]. 经济研究, 2011, 46(8):78—91.

[282] 罗德明, 李晔, 史晋川. 要素市场扭曲、资源错置与生产率 [J]. 经济研究, 2012, 47(3):4—14+39.

[283] 何小钢. 要素市场扭曲、投资偏向与能源回弹效应——基于1997—2010 年中国省级面板数据的实证研究 [J]. 山西财经大学学报, 2015, 37(10):14—22.

[284] 张车伟, 赵文. 投资模式、国民储蓄率与劳动要素市场转变 [J]. 南京大学学报 (哲学·人文科学·社会科学), 2019, 56(1):70—86+159—160.

[285] 宋林霖, 何成祥. 优化营商环境视阈下放管服改革的逻辑与推进路径——基于世界银行营商环境指标体系的分析 [J]. 中国行政管理,

2018(4):67—72.

[286] 何冰,刘钧霆.非正规部门的竞争、营商环境与企业融资约束——基于世界银行中国企业调查数据的经验研究 [J]. 经济科学, 2018(2):115—128.

[287] 国务院:规范中介服务,加大信贷中增加企业融资成本"潜规则"的查处力度 [EB/OL].(2021-01-05)[2021-02-06].http://www.gov.cn/zhengce/2021-01/05/content_5577156.htm.

[288] 刘云亮.中国特色自由贸易港优化营商环境的法律途径 [J]. 社会科学辑刊, 2021(1)189—194.

[289] 朱晓喆,马强.优化营商环境视野下动产让与担保的法律构造及效力——结合《民法典》相关规则的解释 [J]. 云南社会科学, 2021(2):1—11+187.

[290] 熊凯军.营商环境、政府支持与企业创新产出效率——基于技术比较优势的视角 [J]. 首都经济贸易大学学报, 2020, 22(6):83—93.

[291] 顾雪芹,李育冬,余红心.长江三角洲地区营商环境政策举措与效果评价 [J]. 中国流通经济, 2020, 34(6):86—95.

[292] 吴义爽,柏林.中国省际营商环境改善推动地方产业结构升级了吗?——基于政府效率和互联网发展视角 [J]. 经济问题探索, 2021(4):110—122.

[293] 唐天伟.我国政府效率与营商环境的趋同性及作用机理 [J]. 中国高校社会科学, 2021(1):114—122+160.

[294] 孙群力,陈海林.我国地区营商环境的决定因素、影响效应和评价指数——基于MIMIC模型的研究 [J]. 财政研究, 2020(6):105—120.

[295] 北京师范大学政府管理研究院,江西师范大学管理决策评价研究中心.2016中国地方政府效率研究报告 [M]. 北京:科学出版社, 2016.

[296] NICHOLAS SHEARD.Regional policy in a multiregional setting:when

the poorest are hurt by subsidies[J].Review of World Economics, 2012, 148(2):403-423.

[297] 卢根鑫. 国际产业转移 [M]. 上海：上海人民出版社, 1997.

[298] 陈勇. FDI 路径下的国际产业转移与中国的产业承接 [D]. 大连：东北财经大学, 2007.

[299] 杨扬, 徐现祥, 舒元. 广东省内经济差距缩小与产业转移 [J]. 经济管理, 2009, 31(4):41—49.

[300] 万永坤. 西部欠发达地区产业转移承接效应的实证分析 [J]. 兰州大学学报 (社会科学版), 2011, 39(3):104—108.

[301] 胡黎明, 汪立, 赵瑞霞. 产业转移的经济效应及其作用机制研究 [J]. 对外经贸, 2013(1):60—62.

[302] 朱华友, 李涵, 代泽娟, 蒋自然. 动态外部性视角的企业再地方化效应及地区影响——以皖江产业承接示范区为例 [J]. 地理科学, 2019, 39(8):1246—1255.

[303] MUCAHIT AYDIN.Renewable and non-renewable electricity consumption-economic growth nexus:evidence from OECD countries[J]. Renewable Energy. 2019, 136:599-606.

[304] 姚愉芳, 陈杰, 胡娱欧, 董烨, 李付强. 用电增量与经济发展关系分析 [J]. 中国电力, 2016, 49(S1):123—127.

[305] 潘玉雪, 李海涛. 中国京津冀地区电力消费与经济增长 [J]. 资源与生态学报, 2016, 7(5):360—371.

[306] 曹金龙, 陈洁赟. 华东地区经济增长与电力能源消费的关系 [J]. 首都经济贸易大学学报, 2017, 19(2):60—64.

[307] 李佳, 周荣荣. 我国电力消费与经济增长关系研究——基于产业结构

优化视角 [J]. 调研世界, 2018(2):40—44.

[308] 朱平芳, 谢婼青, 刘盼盼. 最大用电负荷与经济变量的关联研究 [J]. 学术月刊, 2020, 52(2):44—57.

[309] 孙志娜. 区际产业转移对中国出口技术复杂度的影响 [J]. 科学学研究, 2020, 38(9):1587—1596.

[310] 陈春香, 邓峰. 产业转移对区域绿色创新效率的空间效应分析 [J]. 生态经济, 2020, 36(9):72—77.

[311] 卓乘风, 白洋, 邓峰. 产业转移、基础设施投资与区域创新能力研究——基于丝绸之路经济带地区面板数据的分析 [J]. 华东经济管理, 2019, 33(8):53—59.

[312] 张营营, 高煜. 区域产业转移对西部创新投入的影响研究——基于行业异质性的视角 [J]. 经济问题探索, 2018(12):152—160.

[313] 杨修, 朱晓暄. 创新国际化对出口多样化的影响 [J]. 软科学, 2019, 33(1):6—9.

[314] 李玉山, 陆远权, 王拓. 金融支持与技术创新如何影响出口复杂度?——基于中国高技术产业的经验研究 [J]. 外国经济与管理, 2019, 41(8):43—57.

[315] 褚婷婷, 郎丽华. 技术创新对东北三省外贸出口影响研究——基于"一带一路"沿线国家贸易数据 [J]. 价格理论与实践, 2019(7):153—156+162.

[316] 张秀峰, 胡贝贝, 张莹, 陈光华. 国家高新区出口转化绩效及影响因素研究——基于创新驱动的视角 [J]. 科学学研究, 2021, 39(6):1026—1035.

[317] 皮建才. 中国地方政府间竞争下的区域市场整合 [J]. 经济研究, 2008(3): 115—124.

[318] 高江静,刘志彪.服务产业转移缩小了地区收入差距吗[J].经济理论与经济管理,2012(9):90—100.

[319] 佘时飞.两层次区域经济一体化下产业空间转移机理与社会福利效应[J].产经评论,2015,6(5):20—29.

[320] 李志翠,阿布来提·依明.西部地区承接产业转移对缩小东西部居民收入差距的效果研究[J].新疆大学学报(哲学·人文社会科学版),2017,45(4):10—18.

[321] 王红梅,鲁志辉.京津冀协同发展战略下河北经济协调发展的政策效应研究——基于京津产业转移的RD分析[J].当代经济管理,2020,42(12):38—44.

[322] 韩文琰.天津承接产业转移的重点选择、问题与对策[J].经济问题探索,2017(8):87—93.

[323] 张晓楠.产业转移视角下的教育发展与区域城镇化差异分析[J].统计与决策,2015(23):111—113.

[324] 张朝华.产业转移承接、农村社区治理绩效及其影响因素[J].兰州学刊,2016(10):203—208.

[325] 傅为忠,边之灵.区域承接产业转移工业绿色发展水平评价及政策效应研究——基于改进的CRITIC-TOPSIS和PSM-DID模型[J].工业技术经济,2018,37(12):106—114.

[326] 唐菊,黄银洲,付娇,孟墥.青海省海西州可持续发展评价研究[J].资源开发与市场,2018,34(2):268—273.

[327] 赵明,吴唯佳.产业转移视角下传统农区城镇化路径与模式研究——基于周口市企业的调查[J].城市发展研究,2018,25(12):1—6+44.

[328] 刘曦彤.如何发挥产业转移的雾霾治理效应?——基于长三角地区的

实证研究 [J]. 科学决策, 2018(3):83—94.

[329] 钟茂初. 如何表征区域生态承载力与生态环境质量？——兼论以胡焕庸线生态承载力涵义重新划分东中西部 [J]. 中国地质大学学报(社会科学版), 2016, 16(1):1—9.

[330] 邵瑞华, 苏晨曦, 范芳, 齐剑英, 曹桐辉. 珠三角地区环境空气PM2.5中重金属生态风险评估 [J]. 环境科学与技术, 2019, 42(S1): 273—279.

附 录

附录1 河北省国家级开发区情况表

种类	名称	主导产业
经济技术开发区（6个）	石家庄经济技术开发区	生物医药、装备制造、食品
	唐山曹妃甸经济技术开发区	港口物流、钢铁、石化
	秦皇岛经济技术开发区	装备制造、商贸物流
	邯郸经济技术开发区	电子信息、装备制造、新材料
	沧州临港经济技术开发区	石化、生物医药、电力
	廊坊经济技术开发区	信息技术、装备制造
高新技术产业开发区（5个）	石家庄高新技术产业开发区	生物医药、电子信息、先进制造
	唐山高新技术产业开发区	装备制造、汽车零部件、新材料
	保定高新技术产业开发区	新能源、能源设备、光机电一体化
	承德高新技术产业开发区	装备制造、食品饮料、生物医药
	燕郊高新技术产业开发区	电子信息、新材料、装备制造
海关特殊监管区（4个）	石家庄综合保税区	高端制造、物流、国际贸易
	曹妃甸综合保税区	国际贸易、国际物流、出口加工
	河北秦皇岛出口加工区	服装加工、金属加工、保税物流
	廊坊综合保税区	物流、光机电一体化、精密机械

［资料来源：《中国开发区审核公告目录（2018）》］

附录2 河北省省级开发区情况表

地区	名称	主导产业
石家庄市（17个）	河北石家庄长安国际服务外包经济开发区	环保、大数据、动漫创意
	河北石家庄矿区工业园	特钢冶炼、通用零部件、装备制造
	河北鹿泉经济开发区	电子信息、物流、食品
	河北井陉经济开发区	煤炭加工、建材、成品油储运集散
	河北正定高新技术产业开发区	新能源汽车、装备制造、生物医药
	河北行唐经济开发区	装备制造、节能环保、绿色农产品加工
	河北灵寿经济开发区	服装纺织、机械、建材
	河北高邑经济开发区	陶瓷、纺织
	河北深泽经济开发区	化工、医药、装备制造
	河北赞皇经济开发区	建材、食品机械、循环化工
	河北无极经济开发区	皮革、化工、装备制造
	河北平山西柏坡经济开发区	装备制造、电力、钢铁
	河北元氏经济开发区	化工、机械、轻工
	河北赵县经济开发区	生物医药、机械、服装纺织
	河北辛集经济开发区	皮革、机械、食品、医药
	河北晋州经济开发区	化工、纺织、装备制造
	河北新乐经济开发区	生物医药、装备制造、食品加工
唐山市（13个）	河北唐山古冶经济开发区	钢铁、焦化、水泥
	河北唐山开平高新技术产业开发区	装备制造、钢铁加工、物流
	河北丰南经济开发区	钢铁及压延、装备制造、食品
	河北丰润经济开发区	轨道交通装备、装备制造、钢铁
	河北唐山南堡经济开发区	海洋化工
	河北滦县经济开发区	食品加工、钢材、装备制造
	河北唐山海港经济开发区	煤化工、农副产品加工、电力
	河北迁西经济开发区	钢铁及加工
	河北玉田经济开发区	装备制造、钢铁加工、新能源

续表

地区	名称	主导产业
唐山市 （13个）	河北遵化经济开发区	装备制造、食品、建材
	河北迁安高新技术产业开发区	装备制造、生物制药、电子信息
	河北迁安经济开发区	钢铁、冶金、装备制造、煤化工
	河北唐山芦台经济开发区	自行车零配件、采暖散热器、家具
秦皇岛市 （4个）	河北北戴河经济开发区	金属制品、专用设备、电子设备
	河北抚宁经济开发区	智能制造、食品、生物、新能源
	河北青龙经济开发区	金属压延、装备制造
	河北昌黎经济开发区	机械、钢铁、食品
邯郸市 （17个）	河北邯郸工业园区	装备制造、建材、医药
	河北邯郸马头经济开发区	装备制造、电力、新材料
	河北邯郸峰峰经济开发区	煤化工、钢铁、陶瓷
	河北肥乡经济开发区	装备制造、服装纺织
	河北永年工业园区	特钢、装备制造、新材料
	河北临漳经济开发区	农副产品加工、新材料、装备制造
	河北成安经济开发区	金属管件、板材、装备制造
	河北大名经济开发区	食品、装备制造、包装
	河北涉县经济开发区	电力、装备制造、食品
	河北磁县经济开发区	煤化工、装备制造、新材料
	河北邱县经济开发区	纺织、装备制造、食品
	河北鸡泽经济开发区	铸造、装备制造、纺织
	河北广平经济开发区	建材、装备制造、食品
	河北馆陶经济开发区	盐化工、精细化工、装备制造
	河北魏县经济开发区	装备制造、木材加工、再生资源利用
	河北曲周经济开发区	装备制造、食品、自行车
	河北武安工业园区	新能源、新材料、装备制造
邢台市 （17个）	河北邢台经济开发区	先进制造、新能源
	河北邢台县旭阳经济开发区	精细化工、新材料、生物化工、再生资源
	河北临城经济开发区	通用设备、医药、非金属矿物

续表

地区	名称	主导产业
邢台市（17个）	河北内丘工业园区	装备制造、精细化工、食品
	河北柏乡经济开发区	服装纺织、造纸、机械
	河北邢台滏阳高新技术产业开发区	食品、装备制造、钢制品
	河北任县经济开发区	橡塑制品、机械、商贸物流
	河北南和经济开发区	装备制造、农副产品加工、大宗物流
	河北巨鹿经济开发区	装备制造、新能源、医药
	河北新河经济开发区	生物医药、装备制造、新能源
	河北广宗经济开发区	自行车、装备制造、农副产品加工
	河北平乡高新技术产业开发区	自行车及零部件
	河北威县高新技术产业开发区	装备制造、电子信息、农副产品加工
	河北清河经济开发区	羊绒、战略合金、新能源汽车及零部件
	河北临西轴承工业园区	轴承、装备制造、食品
	河北南宫经济开发区	装备制造、食品、医药
	河北沙河经济开发区	玻璃及深加工、装备制造、新材料
保定市（16个）	河北保定经济开发区	汽车及零部件
	河北满城经济开发区	造纸及纸制品、机械、汽车
	河北徐水经济开发区	汽车及零部件、新能源、机电设备
	河北涞水经济开发区	电子信息、新能源汽车、航天航空
	河北阜平经济开发区	新材料、装备制造、农产品加工
	河北定兴金台经济开发区	食品加工、汽车及零部件、装备制造
	河北唐县经济开发区	机械、建材、食品
	河北高阳经济开发区	纺织、医药、电子设备
	河北涞源经济开发区	装备制造、新材料、生物医药
	河北望都经济开发区	食品、机电、医疗、建材
	河北顺平经济开发区	装备制造、食品、建材
	河北博野经济开发区	橡胶机带、机械、新材料
	河北涿州高新技术产业开发区	新材料、电子信息技术、汽车及零部件
	河北定州经济开发区	装备制造、生物医药

续表

地区	名称	主导产业
保定市（16个）	河北安国现代中药工业园区	中药、食品
	河北高碑店经济开发区	汽车、建材、新能源
张家口市（10个）	河北张家口经济开发区	新能源、智能制造
	河北宣化经济开发区	汽车、智能制造、生物制药
	河北张家口下花园经济开发区	装备制造、新能源、新材料
	河北张家口高新技术产业开发区	装备制造、生物技术
	河北张北经济开发区	食品、装备制造、云计算
	河北沽源经济开发区	云计算、农副产品加工、商贸物流
	河北蔚县经济开发区	生物科技、装备制造、食品
	河北怀安经济开发区	装备制造、汽车及零部件、应急产品
	河北沙城经济开发区	特种玻璃、信息技术、装备制造
	河北涿鹿经济开发区	电子信息、装备制造
承德市（9个）	河北承德双滦经济开发区	黑色金属采冶压延加工、炼焦
	河北承德县高新技术产业开发区	装备制造、新材料、食品
	河北兴隆经济开发区	钢延产品、农副产品加工、医药化工
	河北滦平高新技术产业开发区	食品、医药、装备制造
	河北隆化经济开发区	装备制造、食品、建材
	河北丰宁经济开发区	新能源装备、节能环保、新材料
	河北宽城经济开发区	冶金、装备制造、新材料
	河北围场经济开发区	食品、药品、矿产品加工
	河北平泉经济开发区	矿山冶金、新能源、化工
沧州市（14个）	河北沧州经济开发区	汽车及零部件、管道装备、生物医药
	河北沧州高新技术产业开发区	智能装备、节能环保、新材料
	河北青县经济开发区	装备制造、食品、汽车零部件
	河北东光经济开发区	包装机械、精细化工、包装、装备制造
	河北海兴经济开发区	精细化工、装备制造、汽车零部件
	河北盐山经济开发区	管道装备、机械、机床
	河北肃宁经济开发区	毛皮加工、装备制造、印刷

续表

地区	名称	主导产业
沧州市 （14个）	河北南皮经济开发区	机电、玻璃器皿、纺织
	河北吴桥经济开发区	装备制造、橡胶制品、汽车零部件
	河北献县经济开发区	装备制造、食品饮品、新能源
	河北孟村经济开发区	装备制造
	河北泊头经济开发区	装备制造、铸造、汽车模具
	河北任丘经济开发区	新材料、新能源、节能环保、装备制造
	河北黄骅经济开发区	汽车、专用设备、金属制品
廊坊市 （9个）	河北廊坊高新技术产业开发区	新材料、节能环保、电子信息
	河北京南·固安高新技术产业开发区	显示、航空航天、生物医药
	河北永清经济开发区	装备制造、新材料
	河北香河经济开发区	高端制造、食品、医药
	河北大城经济开发区	机械装备、新能源车、气雾剂
	河北文安经济开发区	新能源、装备制造、家具
	河北大厂高新技术产业开发区	装备制造、食品饮料
	河北霸州经济开发区	装备制造、金属玻璃家具
	河北三河经济开发区	节能环保、装备制造、新材料
衡水市 （11个）	河北衡水高新技术产业开发区	新材料、装备制造、食品
	河北冀州高新技术产业开发区	采暖铸造、复合材料、化工医药
	河北枣强经济开发区	复合材料、燃气设备、中央空调
	河北武邑经济开发区	金属制品、橡胶制品
	河北武强经济开发区	装备制造、乐器、食品
	河北饶阳经济开发区	机械、服装
	河北安平高新技术产业开发区	丝网产品、汽车零部件
	河北故城经济开发区	新能源、新材料、装备制造
	河北景县高新技术产业开发区	新材料、橡塑制品、机械配件
	河北阜城经济开发区	装备制造、服装纺织、农副产品加工
	河北深州经济开发区	农副产品加工、装备制造、家居

［资料来源：《中国开发区审核公告目录（2018）》］

附录3 河北省省级重点支持的县域特色产业集群

序号	所在地市	产业集群名称
1	石家庄	高邑县建陶产业集群
2	石家庄	行唐县乳业产业集群
3	石家庄	晋州市纺织产业集群
4	石家庄	无极县皮革产业集群
5	石家庄	无极装饰材料产业集群
6	石家庄	元氏县精细化工产业集群
7	石家庄	元氏县装备制造产业集群
8	石家庄	赵县纺织产业集群
9	石家庄	正定县板材家具产业集群
10	承德	平泉市食用菌产业集群
11	承德	兴隆县果品产业集群
12	承德	承德县装备制造产业集群
13	张家口	怀来县葡萄酒产业集群
14	张家口	怀安县汽车制造产业集群
15	张家口	张北县新能源产业集群
16	张家口	张北县大数据产业集群
17	秦皇岛	昌黎县红葡萄酒产业集群
18	秦皇岛	昌黎毛皮产业集群
19	唐山	滦南钢锹产业集群
20	唐山	遵化市食品产业集群
21	唐山	迁安市装备制造产业集群
22	唐山	滦州市装备制造产业集群
23	廊坊	霸州都市休闲食品产业集群
24	廊坊	大厂影视文创产业集群
25	廊坊	大城县绝热节能材料产业集群
26	廊坊	固安县电子信息（新型显示）产业集群
27	廊坊	三河电子信息产业集群

续表

序号	所在地市	产业集群名称
28	廊坊	三河汽车改装及零部件产业集群
29	廊坊	三河生物医药和大健康产业集群
30	廊坊	文安县胶合板产业集群
31	廊坊	香河县家具产业集群
32	廊坊	香河县家具产业集群
33	保定	安国市药业产业集群
34	保定	白沟新城箱包产业集群
35	保定	博野县橡胶产业集群
36	保定	定兴县汽车及零部件产业集群
37	保定	定兴县食品产业集群
38	保定	高阳纺织产业集群
39	保定	蠡县毛纺织产业集群
40	保定	蠡县皮毛皮革产业集群
41	保定	曲阳县雕刻产业集群
42	保定	顺平县肠衣产业集群
43	保定	望都县辣椒产业集群
44	保定	涿州市汽车零部件产业集群
45	沧州	泊头市环保设备产业集群
46	沧州	泊头市铸造产业集群
47	沧州	沧县药包材产业集群
48	沧州	东光县纸箱机械产业集群
49	沧州	河间市电线电缆产业集群
50	沧州	河间市工艺玻璃产业集群
51	沧州	河间再制造产业集群
52	沧州	黄骅市汽车及零部件产业集群
53	沧州	孟村县弯头管件产业集群
54	沧州	南皮县五金机电产业集群
55	沧州	青县电子机箱产业集群

续表

序号	所在地市	产业集群名称
56	沧州	任丘交通设备产业集群
57	沧州	任丘市电力设备制造产业集群
58	沧州	任丘市新型建材产业集群
59	沧州	肃宁县皮革产业集群
60	沧州	盐山县管道装备产业集群
61	衡水	安平县丝网产业集群
62	衡水	阜城县装备制造产业集群
63	衡水	故城县服装服饰产业集群
64	衡水	景县铁塔钢构产业集群
65	衡水	景县橡塑制品产业集群
66	衡水	深州市机械装备制造产业集群
67	衡水	深州市农副产品加工集群
68	衡水	武邑县金属橱柜产业集群
69	衡水	枣强县复合材料产业集群
70	衡水	枣强县皮毛产业集群
71	邢台	广宗县自行车及零部件产业集群
72	邢台	巨鹿县机件加工产业集群
73	邢台	临西轴承产业集群
74	邢台	隆尧县灰铸铁炊具产业集群
75	邢台	隆尧县食品产业集群
76	邢台	南宫市精品羊绒服装服饰产业集群
77	邢台	南和县宠物食品产业集群
78	邢台	宁晋县电线电缆产业集群
79	邢台	宁晋县纺织服装产业集群
80	邢台	宁晋县食品加工产业集群
81	邢台	平乡县自行车产业集群
82	邢台	清河县汽车及零部件产业集群
83	邢台	清河县羊绒产业集群

续表

序号	所在地市	产业集群名称
84	邢台	清河羊绒产业集群
85	邢台	沙河市玻璃产业集群
86	邢台	威县汽车零部件产业集群
87	邢台	邢台县装备制造产业集群
88	邯郸	成安县装备制造产业集群
89	邯郸	磁县童装产业集群
90	邯郸	大名县面业产业集群
91	邯郸	馆陶县禽蛋产业集群
92	邯郸	馆陶县轴承加工产业集群
93	邯郸	广平县新型建材产业集群
94	邯郸	鸡泽县纺织产业集群
95	邯郸	鸡泽县辣椒和食品产业集群
96	邯郸	临漳县装备制造产业集群
97	邯郸	邱县食品产业集群
98	邯郸	曲周县天然色素产业集群
99	邯郸	曲周县自行车童车产业集群
100	邯郸	涉县绿色新型建材产业集群
101	邯郸	魏县再生物资产业集群
102	邯郸	魏县装备制造产业集群
103	邯郸	武安市新能源产业集群
104	邯郸	永年区标准件产业集群
105	定州	定州市汽车及零部件产业集群
106	定州	定州市体育器材产业集群
107	辛集	辛集皮革产业集群

（资料来源：《2019年河北省县域特色产业集群振兴发展项目申报指南》）